아이처럼
놀고
배우고
사랑하라

일, 놀이, 배움, 인생에 대한 18가지 지혜

아이처럼 놀고 배우고 사랑하라

앨런 클레인 지음 · 김정은 옮김

생각의 서재

앨런 클레인은 생각이 깊고 매력 넘치는 사람이다. 인기 강연자인 그는 사람들의 마음을 뒤흔든다. 내가 앨런과 함께 유머와 웃음 그리고 놀이가 가진 치유력에 관한 연구를 시작한 지도 벌써 30년이 넘었다.

이 책에는 마법과도 같은 아이들의 매력과 유쾌함이 가득 담겨 있다. 진작 나왔더라면 얼마나 좋았을까! 앨런은 이 책에 아이들의 통찰력을 보여주는 여러 가지 이야기들을 차곡차곡 모아놓았다. 읽다 보면 여러분도 창의적이고, 유머와 놀이를 사랑하며, 아이들의 지혜에 더욱 귀 기울이는 사람으로 거듭날 수 있을 것이다.

앨런은 특히, 웃음을 통해 행복한 가족 공동체가 되도록 도와주는 능력이 탁월하다. 여러분도 이 책을 읽어가면서 문제를 해결하고, 대처하고, 소통의 장애물을 극복하는 아이들의 능력에 대한 귀중한 지혜를 얻게 되기를 바란다.

최근에 어떤 여자아이와 이야기를 나눈 적이 있다. 나는 아이에게 "너는 어떻게 그렇게 노인처럼 현명한 거니?" 하고 물었다. 그러자 아이가 "글쎄요. 하나님이 우리를 재활용하셨나 보죠!"라고 대답하는 것이 아닌가! 나는 그만 할 말을 잃고 말았다.

이처럼 이 책에는 감동과 웃음으로 가득한 아름다운 순간들, 그리고 아이들의 말에서 자연스럽게 배어나온 인생의 진리가 가득하다. 아이의 눈을 통해 우리 모두에게, 잠깐 멈추어 서서 아이들의 마음을 읽는 방법, 그들의 통찰력에 귀 기울이는 방법, 삶의 고난에 대한 그들의 재미난 의견을 소중히 간직하는 방법을 알려준다.

삶을 사랑스럽게 가꾸어가는 똑똑한 방법을 가르쳐주는 책은 생각보다 드물다. 이 책은 교사들을 위한 유용한 참고서이며, 대화의 단절과 우울에서 살아남는 법을 배울 수 있는 교과서이다. 페이지마다 치료법이 담겨 있다. 이제 이 책을 통해 여러분은 아이들의 현명하고도 재미있는 말뿐 아니라, 미소와 건강에 대한 조언까지 얻게 될 것이다.

나는 자칭 '극단적 낙천주의자'로서 이 세상에서 일어나는 좋은 일들이 모든 것을 더 좋아지게 만든다고 강하게 믿는다. 그리고 이 책은 내 믿음에 대한 훌륭한 증거다!

저자 앨런에게 감사하다. 친구여, 정말 멋지게 해냈다!

_마이클 프리처드, 동기부여 전문가

철이 들면서 잃어버린 것들에 대하여

첫 책 『유머의 치유력』을 쓸 때의 일이다. 마감에 쫓기고 있었지만 아이들은 그 무게를 조금도 가늠하지 못했다. 당시 초등학생이었던 딸 사라는 거의 15분에 한 번씩 서재로 찾아와 일을 방해했다. 바쁘니까 귀찮게 하지 말라고 몇 번이나 말했지만 계속해서 같은 행동을 되풀이했다. 나는 문 앞에 다음과 같은 글귀를 대문짝만하게 써 붙여놓았다.

"급한 일 아니면 절대로 방해하지 말 것!"

그런데 얼마 지나지 않아 다시 문 두드리는 소리가 들려왔다. 나는 화가 치밀어 올라서 소리쳤다. "급한 일 없으면 부르지 말라고 했잖아!" 그러자 사라는 문밖에서 정말로 급한 일이 있다고, 지금 꼭 할 말이 있다고 말했다. 문을 열고 무슨 일이냐고 짜증스럽게 묻자 아이는 이렇게 대답했다.

"사랑한다고 말하고 싶었어요!"

어떤 상황에서도 결코 유머를 잃지 말라는 글을 쓰면서도 스스로는 전혀 실천하지 못하고 있다는 사실을 나는 딸을 통해 깨달았다. 사랑의 의미에 대해서도 다시금 생각해보게 됐다.

이 책을 쓰겠다는 마음이 처음 싹 트기 시작한 것도 바로 그 무렵이었던 것 같다. 아이들의 내면에 본래부터 존재하는 지혜를 세상에 일깨워주고 싶었다.

나이가 들수록 "철 좀 들라"는 말이 아이들에게는 그다지 좋은 가르침이 아니라는 사실을 깨닫는다. 철이 든 근엄한 어른이 자신의 일과 삶 그리고 이 세상을 즐기지 못하게 되는 모습을 나는 수없이 목격했다.

'철이 들면서' 어른들은 자기 자신을 잃어간다. 어쩌면 우리는 그런 어른들과 우리 자신에게 "철 좀 덜 들라"고 조언해야 할는지도 모르겠다. 조금만 귀를 기울이고 마음을 열면 아이들은 삶에 대한 놀라운 지혜를 가르쳐준다. 아이들은 즉흥적이고 즐겁고 명랑하고 현명하고 순수하고 도전적이고 호기심이 넘친다. 사랑할 줄 알고 용서할 줄도 안다. 그 밖에도 수많은 지혜를 갖고 있다.

나는 우리 생에서 가장 현명한 시기가 아주 어린 시절과 아주 나이든 시절이라고 생각한다. 증명할 수는 없지만 노인들을 위한 호스피스 병동에서 봉사활동을 하면서, 그리고 아이들과 함께 지내면서 그런 믿음을 갖게 됐다. 아주 어린 아이들과 아주 나이든 노인들에게는 이유를 알 수 없는 진정성이 있다. 어른들의 세상을 지배하는 수많은 규칙과

법칙들이 생의 양 끄트머리에서만큼은 그다지 큰 힘을 발휘하지 못하는 것 같다.

나는, 우리 모두가 어떤 에너지로부터 태어나 죽을 때 다시 그 에너지로 돌아간다고 믿는다. 만약 이것이 사실이라면, 그 순수한 에너지와 우리의 본질적인 정체성에 누구보다도 가까운 이들은 죽음에 다가선 노인들과 아이들이다.

바로 이런 이유들 때문에 나는 이 책을 썼다. '철들지 않는' 삶으로 여러분을 초대하여, 한때 우리 모두가 누렸던 인간의 진정한 본성을 경험하게 해주고 싶다.

분명히 말해두건대 남을 배려할 줄 모르고 때와 장소를 가리지 못하는 아이들의 '유치함'에 대해서 쓰고자 하는 것은 아니다. 내가 강조하고 싶은 건, 즐겁고 명랑하고 자발적인 '아이다움'이다.

또한 우리가 언제나 아이처럼 행동해야 한다고 말하려는 것도 아니다. 아이들이 하는 행동은 많은 경우 부적절하기도 하다. 중요한 것은 균형이다. 일만 너무 많이 하고 조금밖에 놀지 않는 어른들은 균형상태에 있지 않다. 그저 당신의 본성을 직시하라. 그러면 삶이 균형 잡혀 있을 때와 그렇지 못할 때의 차이를 스스로 깨달을 수 있을 것이다.

당신이 지금 조금씩 시들고 있는 이유는 삶에 내리쬐는 햇빛이 부족하기 때문인지도 모른다. 아이들은 어떻게 하면 햇살을 붙잡을 수 있는지를 가르쳐준다. 이제, 함께 그들의 이야기를 들어보자.

_샌프란시스코에서 앨런 클레인

차례

추천사 • 004

들어가며 - 철이 들면서 잃어버린 것들에 대하여 • 006

01 감탄 • 013
꼬리가 뭐라고 • 처음 먹는 것처럼 • 작은 것에 주목하라 • 보통의 마법을 찾아서 • 잡초의 경이로움 • 아이처럼 열광하라 • 귀를 기울이면 들린다 • 철없는 어른 되기

02 초심 • 031
시작하는 마음으로 • 가능성으로 가득한 세계 • 아는 것과 모르는 것 • "특별함을 찾아 봐" • 단순한 시간 • 철없는 어른 되기

03 용기 • 043
삶을 온전히 즐기고 있는가? • 사소한 것에 열광하라 • 자유로운 정신 • "나를 보세요" • 디저트부터 먹어라 • 먹기의 기술 • 철없는 어른 되기

04 창의력 • 057
창조적인 문제해결법 • 고정관념 타파하기 • 직감을 믿어라 • 창의력을 다시 배울 수 있을까? • 창의적인 관점 • 미친 지혜의 창의성 • 철없는 어른 되기

05 호기심 • 073
왜 우리는 '왜'라는 질문을 하지 않을까? • "아직 멀었나?" • '이게 뭐야?' 단계 • '만약에' 단계 • 탐구정신은 독창성을 자극한다 • 철없는 어른 되기

06 공상 • 087
상상놀이 • 흉내놀이를 하자 • 장애물 극복하기 • 상상으로 극복하기 • 연기자가 되어라 • 그저 상상하라 • 철없는 어른 되기

07 탐험 • 101
모든 것이 모험이다 • 모험가가 되어라 • 새로운 것을 시도하라 • 철없는 어른 되기

08 용서 • 113
원한을 갖지 마라 • 용서할 것인가 말 것인가 • 썩은 감자 • 용서의 동그라미 • 철없는 어른 되기

09 재미 • 123
우스꽝스러워지기 • 다채로운 사람이 되어라 • 장난감은 아이들만을 위한 것이 아니다 • 지금 입은 옷이 바로 당신이다 • 일상에서 재미를 찾아라 • 철없는 어른 되기: 익살 부리기 • 철없는 어른 되기: 장난감 • 철없는 어른 되기: 옷 갖추어 입기 • 철없는 어른 되기: 재미

10 즐거움 • 147
오늘을 온전히 살아라 • 웃음을 찾아라 • 웃음은 전염된다 • 있는 그대로 받아들여라 • 활짝 웃고 함께 나누라 • 철없는 어른 되기: 즐거움 • 철없는 어른 되기: 웃음

11 친절함 • 163
조건 없는 사랑 • 배려와 동정심 • 판단하지 않기 • 안아주기 • 함께함 • 철없는 어른 되기

12 쉼 • 191
낮잠으로 해결될 수 없는 일은 없다 • 회사에서 낮잠을! • 타임아웃의 힘 • 자유시간을 허락하라 • 철없는 어른 되기

13 긍정적 사고 • 205
'맞아, 그리고'식 생각법 • 능력 너머로 손을 뻗어라 • 어린 날을 돌아보다 • 달을 향해 쏴라 • 어둠 속 한 줄기 빛 • 철없는 어른 되기

14 놀이 • 221
놀이는 발견이다 • 놀이는 이롭다 • 놀이는 소통이다 • 놀이는 관계다 • 놀이는 건강이다 • 놀이는 생존이다 • 철없는 어른 되기

15 깨어있음 • 237
새처럼 자유롭게 • 무슨 일이 있더라도 • 내려놓고 만족하기 • 가진 것에 만족하라 • 자신에게 만족하라 • 속도를 늦춰라 • 철없는 어른 되기

16 모험 • 255
모험을 감행하라 • 실수를 하라 • 두려움을 잊어라 • 실패는 잊어라 • 철없는 어른 되기

17 진실함 • 269
있는 그대로를 말하라 • 정말 중요한 것 • 있는 그대로를 보라 • 철없는 어른 되기

18 현명함 • 285
아이들은 알고 있다 • 타고난 지혜 • 내면의 앎 • 열린 마음 • 아이에게 배운 지혜 • 철없는 어른 되기

나오며 • 301

감사의 글 • 302

01
감탄

우리를 둘러싸고 매일같이 벌어지는 아주 작은 기적들을
우리는 언제부터 그냥 지나쳐버리게 된 걸까?
이 작은 기적들을 다시 볼 수만 있다면 삶은 얼마나 더 아름다워질까?

_조셀린 켈리, 언론인

누군가 이런 말을 했다. 우리에게 마법사가 필요한 이유는, 세상이 보여주는 마법을 우리가 까맣게 잊고 있기 때문이라고. 하지만 아이들은 이 마법을 결코 잊지 않았다. 그들에게는 모든 것이 경이로운 마법이다.

갓 태어난 아기들은 이런 경이감을 동력 삼아 세상과 자신에 대해 배운다. 그리고 어른들 역시 이런 경이감을 회복해야만 세상과 일, 관계, 그리고 삶에 새로운 활력을 불어넣을 수 있다.

꼬리가 뭐라고

조 배튼과 게일 배튼 부부는 그들의 책 『자존감의 틈The Confidence Chasm』에서 이렇게 썼다.

"아이는 스스로를 의식하지 않는다. 아이는 아무런 부끄러움 없이 세상에 반응한다. 반면에 많은 어른들은 감탄과 놀라움, 그리고 경외감 같은 감정을 제대로 표현하지 못한다. 남들이 자신을 너무 단순하다고, 또는 너무 유치하다고 생각할지 모른다는 두려움 때문이다."

나도 부끄러움이라고는 없는 태도로 세상을 대하는 아이의 모습을 직접 마주한 경험이 있다. 반려견 조시를 데리고 식당 테라스에서 식사를 하고 있을 때였다. 나는 조시를 길 건너편 벤치에 잠시 매어 놓았다. 누군가 조시를 데려가진 않을까 하는 걱정 없이 편안히 식사를 할 수 있었고, 조시 역시 나를 볼 수 있어서 만족해했다.

그때 엄마로 보이는 한 여성과 세 살 정도 되어 보이는 남자아이가 산책을 하다가 조시를 발견했다. 아이는 조시를 쓰다듬으며 굉장히 좋아했다. 다정한 성격의 골든리트리버 종인 조시 역시 사람들의 관심을 매우 좋아한다. 아이 엄마와 나는 둘의 다정한 모습을 흐뭇하게 바라보았다. 멋진 순간이었다. 조시가 바닥에 엎드리자 아이가 똑같이 납작 엎드려서 조시의 눈을 바라보는 모습은 정말이지 아름다웠다. 무엇보다도 마법 같았던 장면은 깃털처럼 부드럽고 좀처럼 잡기 힘든 조시의 꼬리에 흠뻑 빠져버린 아이의 모습이었다.

아이는 조시의 흔들리는 꼬리를 잡으려고 애를 썼다. 물론 애초에 불가능한 일이었지만 그건 전혀 중요치 않았다. 불가능하기 때문에 오히려 더 재미있는 듯했다. 아이는 꼬리잡기 놀이도 좋아했지만, 그보다 흔들리는 꼬리에서 불어오는 가벼운 바람을 무척이나 좋아했다. 아이는 바람과 간지러움을 최대한 느껴보려고 얼굴을 꼬리 가까이로 들이밀기도 했다. 그렇게 5분 정도가 지나자 아이는 다른 무언가에 관심을 빼앗기고 곧 자리를 떠났다. 하지만 개의 꼬리라는 아주 단순한 것에서도 마법을 발견하고 감탄하는 아이의 모습이 내게는 여전히 놀라운 기억으로 남아 있다.

작가 로버트 풀검도 손녀와 함께 동물원에 갔다가 비슷한 일을 겪었다고 한다. 그곳에 있는 모든 동물들 가운데 손녀 사라의 마음을 가장 사로잡은 동물은 다름 아닌 매점 주변을 돌아다니는 비둘기떼였다. 비둘기들은 거의 손에 잡힐 듯한 거리에 있으면서도 결코 잡히지 않았다. 아무리 조심스럽게 조용히 다가가도 어떻게 눈치 챈 건지 바로 코 앞에서 날아가곤 했다.

물론 사라의 목적은 정말로 비둘기를 잡는 것이 아니라 비둘기를 쫓아다니는 행위 그 자체였다. 어른들은 보통 무시해버리고 마는 대상에서 아이는 즐거움과 놀라움을 찾아낸 것이다. 반면에 어른들은 먼 곳에서 수입해온 이국적인 동물들을 구경하려고 애써 동물원까지 가면서도, 늘 가까이에 존재하는 비둘기들의 아름다움은 그저 무시해버리고 만다.

처음 먹는 것처럼

몇 년 전 자기계발을 위한 주말 워크숍에 참여한 적이 있다. 그곳에서 지낸 며칠 동안 어떤 일들이 있었는지를 이제는 대부분 잊어버렸지만 워크숍이 끝날 무렵 있었던 한 가지 경험만큼은 지금까지도 생생히 기억한다.

진행자는 서른 명 정도 되는 참가자들을 산비탈로 데리고 가더니 한 사람당 건포도 한 알씩을 나누어 주었다. 받은 건포도를 곧바로 먹지 말고 색깔과 질감을 관찰해본 뒤, 건포도의 역사와 그것이 처음으로 만들어지던 순간에 대해서, 한 알의 포도가 건포도가 되기까지 무엇이 필요하며 어떤 과정을 거쳐야 하는지에 대해서 생각해보라는 지시가 내려졌다. 충분히 오랫동안 탐구했다고 느껴지면 그때 입에 넣어도 좋다고 했다. 그리고 마지막으로 입속에 넣은 건포도를 이빨과 혀와 미뢰를 이용하여 천천히 씹어서 삼키며 그 맛을 음미해보라고 했다.

아주 단순한 과정이었지만 굉장히 심오했다. 그 과정을 통해서 나는 건포도가 얼마나 특별한 선물인지, 나에게 오기까지 얼마나 길고 놀라운 여정을 거치는지에 눈을 뜨게 되었고, 그때 내가 먹었던 바로 그 건포도와 완전히 똑같은 모양과 맛을 가진 건포도는 이 세상 어디에도 존재하지 않는다는 사실을 깨달았다.

당신은 무언가를 먹기 전에 먹을 음식을 바라본 적이 있는가? 제대로 바라보고 탐구한 적이 있는가? 그런 과정을 직접 경험해본다면 당신도 아마 아이들처럼, 이 거대하고 위대한 우주에 존재하는 아주 작은 것들의 경이로움을 발견하기 시작할지도 모른다.

아이들은 심지어 어른들이 귀찮아하는 것들에서도 경이로움과 기쁨을 발견하곤 한다. 한 남자가 집에서 조용하게 일을 시작하려던 참이었다. 바로 그때 엄청나게 시끄러운 쓰레기 수거차 소리가 그를 방해하기 시작했다.

쓰레기 수거차는 집집마다 들러 시끄럽게 삐걱거리며 쓰레기를 쑤

셔 담았다. 아무리 일에 집중하려고 애를 써도 쓰레기차의 소음 때문에 번번이 집중이 깨지고 말았다. 결국 그는 창가로 걸어가 그 짜증나는 소음이 언제까지 이어질지를 확인해보기로 했다. 그런데 그가 창가에서 발견한 건 작은 아이가 전해준 큰 교훈이었다.

집 앞마당에는 다섯 살 난 그의 아들이 더없이 행복한 눈으로 쓰레기차를 바라보고 있었다. 심지어 아이는 쓰레기차를 최대한 자세히 보려고 소화전 위로 기어 올라가 있었다. 그곳에서는 거대한 트럭의 내부가 보이는 모양이었다. 이빨 모양의 엄청나게 큰 기계가 쓰레기를 씹어 삼키고 있었다. 소음은 그 모습을 더욱 매력적으로 만들 뿐이었다. 똑같은 것을 바라보면서도 어른은 짜증스러워 했고 아이는 기뻐했던 것이다.

이처럼 세상에는 우리를 놀랍게 할 수도 있고 짜증나게 할 수도 있는 것들이 가득하다. 만약 전자를 발견하고 싶다면 눈을 크게 뜨고 주위를 둘러보라. 사실 그런 것들은 어디에나 있다. 아이는 길에 떨어진 백원짜리 동전 하나를 주워도 부자가 된 것 같은 기분을 느낀다. 그리고 버려진 택배상자 몇 개만으로도 멋진 집을 만들어낸다.

아이들은 가장 단순한 것들에서 가장 큰 즐거움을 찾아낸다. 당신도 할 수 있다.

아이들은 자기도 모르는 사이에 어른들에게 교훈을 주곤 한다. 어린이들을 대상으로 자연체험을 운영하는 주디스 스트로나크는 '잠시 멈춰서 작은 것들을 바라보는 즐거움'을 한 아이에게서 배웠다고 한다. 어린이들과 함께 산책에 나선 스트로나크는 아이들에게 각자 식물이나 동물, 돌멩이 등의 사물을 하나씩 찾아서 그림으로 그려보고, 그 대상의 관점에서 하나의 이야기를 만들어보라는 과제를 내주었다. 그 과정에서 아이들이 스트로나크에게 여러 가지 큰 가르침을 주었다는 것이다.

> 제일 인상 깊었던 건 포러스트라는 여덟 살짜리 남자아이였어요. 포러스트는 꽃 한 송이를 주의 깊게 관찰하여 묘사한 그림을 보여주었어요. 저는 정말 잘했다고 칭찬해주면서도, 꽃을 다시 한번 보고 한 가지 특징을 더 그려낼 수 있겠느냐고 물었어요. 아이는 꽃송이에서 갈색 꽃잎 하나를 더 찾아냈지요. 저는 "잘했어! 다른 것도 더 찾아보면 어떨까? 한번 더 살펴보겠니?"라고 물었어요. 그러자 아이는 줄기에 앉아 있는 벌레 한 마리를 발견해냈고, 마치 보물찾기라도 하듯이, 혹시라도 놓친 것은 없는지 전부 찾아내겠다며 좋아했어요.
>
> 포러스트는 관찰을 완전히 끝마쳤다고 생각했다가도 조금만 격려해주면 다시 꽃을 바라보고 그림을 그렸어요. 그 과정이 20여 분 동안이나 계속

되었죠. …… 아이의 순수한 집중력과 기쁨을 마주하면서 저도 아이의 모습을, 아이의 눈, 손가락, 몸짓, 그리고 기분이 좋아 팔짝팔짝 뛸 때의 분위기 같은 것들을 더욱 자세히 관찰하게 되었답니다. 아이를 통해 저 역시도 무언가를 있는 그대로 바라보는 법을 배운 것이죠. 마음의 문을 열고 틀에 박힌 시각 너머로 눈을 돌리기만 하면 언제든 만날 수 있는 생생한 현실을 아이를 통해 마주하게 되었어요. 저는 아이에게 약간의 기술과 안전하게 탐색할 수 있는 환경을 제공해주었을 뿐인데, 아이는 바라본다는 것의 의미를 완전히 일깨워준 거예요.

조던 레주완 역시 자신의 웹사이트(highexistence.com)에 게재한 「아이들이 가르쳐준 다섯 가지 교훈」이라는 글에서 바라보기의 힘과 중요성에 대해 역설한 바 있다. 그는 이렇게 썼다.

"지난 며칠 동안 나는 세상을 다른 관점에서 바라보려고 노력하고 있다. 어린 시절 느꼈던 삶에 대한 경이를 되살리기 위해서다. 작은 것들(예컨대 자연, 건축, 예술, 기술의 놀라움 등)에서 아름다움을 발견하려고 노력하다 보면 누구나 삶의 경이로움을 발견할 수 있다! 잠시 멈춰서 바라보라. 대충 보지 말고, 진심을 다해 바라보라! 지금 눈앞에 있는 나무껍질이라도 좋다. 나무껍질에 새겨진 나선형의 무늬가 얼마나 미묘하고도 아름다운지를 느낄 수만 있다면, 그보다 더 크고 훨씬 더 멋진 대상에도 똑같은 관점을 적용할 수 있을 것이다."

환경운동가이자 작가인 레이첼 카슨은 평생토록 자연의 경이로움을 찬양했고, 자연을 접함으로써 우리는 처음 자연세계를 만났을 때의 순수한 감정을 되살릴 수 있다고 역설했다. 카슨은 숲에서 어린 조카 로저와 함께 '크리스마스트리 놀이'을 즐겨 했다고 한다. 숲에서 만나는 나무가 누구의 크리스마스트리인지를 상상해보는 놀이였다. 가문비나무 묘목을 만나면 이건 틀림없이 다람쥐들의 크리스마스트리일 거라고 말했다. 그보다 더 작은 묘목은 작은 벌레들의 크리스마스트리이고, 조금 큰 것은 토끼나 마못marmot(다람쥐과에 속하는 설치류)의 것이 틀림없다고 말하는 식이었다. 한번 시작하면 놀이는 숲길을 지나는 내내 계속되었고, 둘은 서로에게 절대 동물친구들의 크리스마스트리를 밟아서는 안 된다고 주의를 주곤 했다.

이제 마지막으로 '멈추어 바라보기'에 관한 레아 윌콕스 볼의 이야기를 소개하려고 한다. 윌콕스는 이렇게 썼다.

"내 아들은 달을 바라볼 때마다 좋아서 펄쩍펄쩍 뛰며 말했다. '단님, 음마, 단님.' 그러다가 달이 구름 뒤로 숨으면 '단님, 어디 갔떠?'라고 물었고, 다시 나타나면 '단님 왔떠!'라고 소리치곤 했다. 아이의 이런 모습 때문에 나는 아들과의 밤산책을 너무나도 사랑했다. 산책을 마치고 집으로 돌아갈 때면 아이는 '잘 자, 단님' 하고 말하기도 했다."

당신은 얼마나 자주 밤하늘을 올려다보고 달에게 말을 거는가?

마음을 열기만 하면 아이들은 우리에게 세상의 경이로움을 이해하는 능력을 선물해준다. 하지만 그러기 위해서는 먼저 멈추어 세상을 바라보아야 한다. 그것도 온 마음을 다해 보아야 한다. 아이들은 늘 그렇게 한다. 어른들은 오랫동안 그 존재조차 잊고 있었던 세상을, 아이들은 제대로 바라보고 이해한다. 그러나 무엇이든 당장 해치워야만 하는, 빠르게 흘러가는 오늘의 세상에서 너무도 멋진 이 세상을 제대로 이해하거나 소중히 여길 만한 시간이 어른들에게는 없다.

잡지 《탐구하는 정신Inquiring Mind》의 공동 창간인이자 편집자인 바버라 게이츠의 글을 통해 일상적으로 일어나는 일들을 아이들이 얼마나 경이롭게, 그러면서도 장난스럽게 받아들이는지 살펴보자. 게이츠의 세 살짜리 딸 케이틀린이 유아용 변기를 사용한 후에 보인 반응은 이랬다.

"케이틀린은 응가를 다 하고 나면 변기에서 벌떡 일어나 몸을 기울여 변기 안을 들여다보았다. 그리고 꺅 소리를 지르고는 나에게 달려와 '엄마, 내가 산을 만들었어'라거나 '연못에 작은 배가 동동 떠다니고 있어'라고 말하곤 했다. 어느 날인가 딸아이가 남편에게 얼른 화장실로 와보라고 졸라댔다. '아빠, 빨리 와 봐! 엄마가 하나 있고, 아가 케이틀린이 세 개나 있어!' 정말 그랬다. 어제 케이틀린의 '창의적인 응가놀이'는 기존의 작은 배와 산을 뛰어넘었다. 아이는 이렇게 소리쳤다. '엄마, 아빠! 오늘은 깃털 달린 뱀이 나왔어. 뱀-새야!'"

게이츠는 이런 딸에게서 중요한 교훈을 배웠다고 고백한다.

"케이틀린이 내게 가르쳐준 건 단지 관찰하는 방법뿐만은 아니었다. 변기를 대하는 아이의 태도는 내게 근본적인 교훈을 가르쳐주었다. 그건 바로, 삶에 찾아오는 모든 것을 있는 그대로 받아들이는 자세였다. 심지어 사람들이 불쾌하다고 여기는 대상이라도 상관없었다. 케이틀린은 자신의 응가를 더럽다고 생각하지도, 두려워하지도 않았다. 아무런 가치 판단 없이 그저 궁금해했고, 상상력을 발휘했을 뿐이다. 삶을 맞아들이는 데 그보다 더 좋은 방법이 또 있겠는가!"

잡초의 경이로움

부처는 말씀하셨다. "꽃 한 송이의 기적을 완전히 이해할 수 있다면 우리 삶은 전혀 달라질 것이다." 꽃은 그야말로 기적이다. 한 송이 한 송이가 전부 다르다. 다양한 색채의 조합과 아름다운 모양은 정말이지 놀랍기만 하다. 언젠가 푸크시아 꽃 한 송이를 자세히 관찰한 적이 있다. 생생한 보랏빛과 깊은 주홍빛, 눈물방울 모양의 꽃송이가 마치 기모노를 아주 조그맣게 축소시켜 놓은 듯했다. 오페라 <나비부인>의 무대를 아주 작고 정교한 모형으로 재현한다면 그 무대의상이 바로 이런 모양이 아닐까 싶었다.

장미를 비롯하여 다양한 꽃들에서 뿜어져 나오는 향기는 평생토록 머릿속에 깊이 각인되어 과거의 기억을 되살려준다. 예를 들어, 어린 시절 우리 집은 매년 어머니의 날이면 라일락꽃을 사두곤 했다. 요즘도 5월에 꽃집 앞을 지나다가 라일락 향기가 코끝을 스쳐갈 때면 나는 어느새 어린 시절로 되돌아간다.

잡초 역시 아름다운 꽃이다. 하지만 유감스럽게도 많은 어른들은 그런 생각에 동의하지 않는다. 한 아버지는 민들레만 없으면 안마당 잔디가 훨씬 깔끔해질 거라고 생각하고는 아이들에게 안마당에 자란 민들레를 모조리 뽑아버리라고 했다. 하지만 아이들은 이렇게 말하며 거부했다고 한다. "민들레가 얼마나 예쁘다고요! 민들레를 좋아하면 왜 안 되는데요?" 19세기 미국 시인 엘라 휠러 윌콕스의 말처럼 "잡초는 다만 사랑받지 못한 꽃"일 뿐이었고, 아이들은 그 말의 의미를 이미 알고 있었던 것이다. 아버지는 민들레를 그저 없애버려야 할 잡초로밖에 보지 못했으나 아이들은 감탄해야 할 대상으로 보았다.

'은혜, 음식, 그리고 정원Grace, Grits, and Gardening'이라는 블로그를 운영하는 탈리아 테이트 보어너는 어린 시절에 위와 비슷한 경험을 했다고 한다. 보어너의 아버지는 안마당에 있던 자그마한 민들레 꽃밭을 없애버리라고 말씀하셨지만 보어너 자매는 끝내 아버지 말씀을 듣지 않았다. 자매는 민들레를 좋아했다. "자세히 보면 민들레는 국화와 별로 다를 것이 없어요. 과꽃, 데이지꽃과도 비슷하죠. 단지 더 쉽게 자랄 뿐이에요." 게다가 "민들레를 보면 날씨를 예상할 수도 있어요. 해가 쨍

쨍한 날이 계속되면 민들레꽃은 폭신폭신하게 활짝 열리지만, 비가 올 때에는 꽃을 꼭꼭 닫지요. 민들레 잎으로는 차와 샐러드, 와인을 만들 수 있고, 꽃 자체도 여러 가지 쓰임이 있어요. 하지만 민들레 최고의 장점은 밝은 노란색 꽃이 진 뒤에 생겨나는, 깃털처럼 가벼운 하얀 공이에요. 이 작은 낙하산들이 온 땅에 작은 씨앗들을 퍼뜨리죠. 그 어떤 꽃이 길가를, 버려진 땅을, 배수로 옆에 난 둑을 기적처럼 수천 개의 소망들로 바꾸어 놓을 수 있을까요?"

이제 언젠가 민들레 꽃밭을 보게 된다면 당신도 새로운 눈으로, 아마도 아이와 같은 눈으로 바라볼 수 있을 것이다.

아이처럼 열광하라

앨런 그레저먼은 그의 책 『모래상자의 교훈Lessons from the Sandbox』에서 이런 글을 썼다.

"작은 아이였을 때 우리 모두에게는 경이로움을 느끼는 날카로운 감각과 모든 사물에서 마법과 가능성을 볼 줄 아는 자연스러운 능력이 있었다. 매일, 매 순간 '우와!' 하고 외치며 마주치는 대부분의 것들에 감탄할 준비가 되어 있었다."

내 어머니는 여든 살이 다 되셨을 무렵 아주 크게 '우와!' 하는 경험을 하셨다. 생전 처음으로 비행기를 타본 것이다. 비행기 여행을 해보시라고 몇 년 동안이나 아무리 말씀을 드려도 도무지 설득할 수가 없었는데, 어느 날 우연히 왕복 비행기 티켓을 얻게 된 어머니는 마침내 비행기에 오르셨다.

여행을 마치고 돌아오는 어머니를 공항에서 만나서, 비행이 어떠셨느냐고 걱정스럽게 물었다. 그러자 어머니는 아이처럼 기쁜 표정으로 말씀하셨다. "아유, 정말 좋더라. 구름 위까지 올라갔었다니까!"

언젠가 길고 불편한 비행에 지치는 순간이 오면, 당신도 불평 대신에 구름 위를 바라보는 기쁨에 빠져보는 건 어떨까. 구름 위를 두 눈으로 직접 보는 일, 뉴욕에서 아침을 먹고 로스앤젤레스에서 저녁을 먹는 일, 해발 9000미터 상공에서 영화를 감상하는 일은 불과 지난 세기 전까지만 해도 상상조차 하기 어려운 일이었다.

귀를 기울이면 들린다

경영 컨설턴트 마거릿 J. 휘틀리는 말한다.

"듣는다는 것은 너무도 단순한 행위이다. 그저 그 자리에 있는 것만으로도 저절로 이루어지며, 우리는 다른 어떤 행위도 할 필요가 없다. 조언을 하거나 가르침을 줄 필요도 없고 현명한 말을 해줄 필요도 없다. 그저 기꺼이 그 자리에 앉아서 상대방의 이야기를 듣기만 하면 된다."

어른들은 흔히 듣기를 등한시하다가 많은 것을 놓치곤 한다. 아이들은 멈춰서 바라보는 것뿐만 아니라 잘 듣는 법에 대해서도 가르침을 준다. 『호기심의 힘The Power of Curiosity』의 공동저자이자 호기심 재단The Institute of Curiosity의 공동창립자인 커스틴 시긴스는 제대로 듣는 능력이 부족해서 세 살 난 아들과 크게 갈등을 겪었던 경험담을 들려준다.

어느 이른 아침이었다. 아들과 유치원에 갈 준비를 하고 회사에 늦지 않기 위해 서둘러 문을 나서려는데 아들이 바지를 입지 않고 있었다. 바지가 어디 있느냐고 묻자 아이는 어제 입었던 바지를 달라고 말했다. 그래서 어제 입었던 바지가 더러우니 깨끗한 바지로 하나 골라 오라고, 어서 가야 한다고 부드럽게 아이를 타일렀다.

하지만 아이는 "안 돼. 어제 입은 바지 줘"라며 떼를 썼다.

나는 화가 나기 시작했고, 곧이어 '이건 아니다' 싶은 생각이 들었다. 나는 몸을 굽혀 아이와 눈을 맞추며 말했다. "아가, 어제 입었던 바지를 달라는 거지? 그런데 그 바지는 더러워서 안 돼. 어서 가서 깨끗한 다른 바지를 가져오렴. 우리 지금 늦었어!"

아이의 잘못을 제대로 지적했다고 생각하며 스스로 대견해하고 있는데, 갑자기 아이가 내 눈을 똑바로 쳐다보며 소리를 지르기 시작했다. "아니! 어제 입은 바지 줘! 줘! 줘! 그거 줘!!!"

이제는 나도 정말 화가 났다. 화가 머리끝까지 차오르고, 오늘 하루의 시작을 벌써 망치고 말았다는 생각밖에 들지 않았다. 이 모든 일이 빨리 끝나기를 간절히 바라면서 나는 세탁실로 가서 더러운 바지를 가져다가 아이에게 내던지며 이렇게 말했다. "자. 얼른 그 더러운 바지 입어. 늦었다고!"
결국 울음을 터뜨린 아들은 더러운 바지를 집어 들더니 주머니에 손을 넣어 장난감 하나를 꺼냈다. 그러고는 내게 바지를 건네주고 돌아서서 깨끗한 바지를 찾아 입더니 눈물과 콧물로 범벅이 된 채 말했다. "됐어, 가자."
너무 놀라 얼어붙은 나는 쥐구멍에라도 들어가고 싶은 심정이었다. 아이는 그저 바지를 갖다달라고 말했을 뿐인데……. 아이가 그 바지를 입고 싶어 한다고 지레 짐작한 건 바로 나 자신이었다. 나는 곧바로 잘못을 인정하고, 다음번에 이런 일이 또 벌어지지 않으려면 어떻게 해야 좋을지를 아이에게 물었다.
아이는 대답했다. "엄마, 그냥 나한테 물어보면 되잖아."

철없는 어른 되기

주위를 둘러보라. 지금 어디에 있든 상관없다. 그리고 눈길을 사로잡는 물건 하나를 집어 들라. 잠시 손에 들고 가만히 바라보라. 한 번 더 바라보고, 다시 또 바라보라. 그리고 지금껏 발견하지 못했던 새로운 사실을 찾아보라.
만약 스스로 경이로움을 느끼는 능력이 부족하다고 생각한다면 새끼

고양이나 강아지, 또는 아기를 품에 안아보라. 생명의 놀라운 기적을 바라보며 경이로움을 느끼기란 그리 어려운 일이 아니다. 세상의 경이로움을 찾는 일은 오늘날 우리 사회의 자기 파괴적인 궤도를 수정하기 위해 꼭 필요한 과정이다.

'우주 이야기 센터Center for the Story of the Universe'의 창립자 브라이언 스윔은 이렇게 말한다.

"우리 모두가 깊은 경이로움을 경험하며 살아갈 수만 있다면 인류는 더욱 성숙한 종으로 성장해나갈 수 있을 것이다. 지금 인류에게 그보다 더 중요한 과업은 없다. 오로지 이를 통해서만이 인류는 지구를 다시 번영의 길로 이끌 수 있다."

아이의 눈으로 바라보라

어느 더운 여름날 저녁, 엄마가 아이들과 수영장에 갔다가 집으로 돌아가는 길이었다. 앞서 달리던 스포츠카에서 한 여자가 일어서더니 그들을 향해 손을 흔들었다. 그런데 여자가 실오라기 하나 걸치지 않은 것이 아닌가! 엄마는 충격을 받아 어쩔 줄 몰라 하는데 한 아이가 뒷자리에서 소리쳤다. "엄마! 저 아줌마 안전벨트 안 맸어!"

02
초심

천릿길도 한 걸음부터 시작된다.
_노자

언젠가 한 종교지도자로부터, 우리가 '낡은 눈'으로 세상을 바라보고 있다는 말을 들은 적이 있다. 그저 기계적으로 행동할 뿐 그 행위에 대해 제대로 인식하거나 생각하지 않는다는 것이다. 기계적으로 행동할 때, 예를 들어 현관문의 비밀번호를 누르거나 언제나 가던 길로 출근을 하거나 빨래를 갤 때 우리는 사물을 제대로 바라볼 줄 아는 능력을 잃는다. 그에 따르면, 그런 순간에 우리는 본질적으로 눈이 머는 것과 같다.

아이들은 우리가 '눈이 멀지 않도록', 다시 말해서 일상에서 일어나는 놀라운 일들을 간과하지 않도록 길을 이끌어준다. 어떻게 하면 '새로운 눈'을 가질 수 있는지를 보여준다. 아이들의 세상은 늘 새롭고 흥미롭다. 아이들에게는 모든 것이 신기하다. 만약 우리 어른들이 아이들의 눈으로 세상을 바라볼 수만 있다면, 인생은 더욱 풍부해지고, 삶이 우리를 한없이 비참하게 만드는 순간에도 다시금 딛고 일어설 수 있을 것이다.

시작하는 마음으로

선불교에서는 시작하는 마음, 즉 '초심'을 강조한다. 초심이란 선입견을 버리고 열린 태도를 갖는 것이다. 이를 통해 열정적이고, 비어 있으며, 준비된 마음가짐을 갖게 된다.

초심에 관해서라면 아이들보다 더 훌륭한 전문가는 없다. 아이들은 실제로 모든 것이 처음이기 때문이다. 아이들의 세상은 외부의 영향으로 오염되어 있지 않다. 물론 안타깝게도 아이들 역시 어른이 되면서 서서히 초심을 잃어가겠지만, 적어도 지금은 우리에게 일상의 향기를 음미하는 방법을 가르쳐줄 수 있다. 지난 장에서도 언급했던 바버라 게이츠가 초심에 관해 딸에게서 어떤 교훈을 얻었는지 들어보자.

> 한번은 케이틀린을 데리고 친구의 액세서리 전시회에 갔다. 색색의 화려한 보석이 가득했다. 특히 귀걸이 디자인이 아주 색달랐다. 화려한 휘장을 두른 자그마한 사람이 허리춤에 올린 팔을 이리저리 흔들고 있는 모양이었다. 잠시 이야기를 나누던 친구와 나는 케이틀린의 놀라워하는 목소리에 고개를 돌렸다. 아이는 귀여운 광대모양 귀걸이를 흔들어 보였다. "이 아줌마는 다리가 세 개야!" 아이의 말에 친구가 웃으며 응해주었고, 우리는 다시 대화를 이어갔다. 그런데 아이는 또 한 번 놀라워하며 이렇게 소리쳤다. "엄마, 근데 얘는 다리가 두 개야!" 다리가 두 개라니! 지금껏 다리 두 개의 마법 같은 감동을 잊고 있었다니! 그리하여 아이는 내게 '포용'에

대한 또 하나의 가르침을 주었다. 응가를 통해 고통스럽다거나 혐오스럽다고 느낄 수 있는 것들까지도 편견 없이 포용해야 한다는 사실을 가르쳐주었던 것처럼, 평소 아무 생각 없이 간과해버리던 생명의 평범함까지도 축복으로 받아들일 수 있도록 나를 바꾸어준 것이다.

아이의 눈으로 바라보기는 상황을 새로운 시각으로 이해하는 데 큰 도움이 된다. 심리학자이자 『행복 해결법Happiness Solution』의 저자 앨런 게티스는 휴대전화를 사기 위해 줄을 서서 기다리던 중 그런 경험을 했다고 한다. 오랜 기다림 때문에 조바심이 나고 짜증이 났던 그는 마음속으로 '기다리다 늙어 죽겠다!'고 생각했다. 그런데 바로 다음 순간 문득 이런 생각이 떠올랐다. '휴대전화를 사려고 기다리다가 정말로 죽어버려서 1년 동안을 땅에 묻혀 있었다고 생각해봐. 그리고 얼마 후에 마법처럼 살아 돌아오는 거지. 내가 죽었던 바로 그 자리로 다시 돌아오는 거야.'

그는 말한다. "이제 나는 '줄을 서서 기다리는 행위'를 아이의 눈으로 바라보려고 노력할 것이다. 줄이 길다고 짜증을 내는 대신 다른 것들을 바라본다. 주변에 있는 온갖 것들을 쳐다보느라 잔뜩 신이 난 아이들. 줄이 점점 길어지는 가운데 주어진 일을 하느라 여념이 없는 가게 종업원들. 여기저기에 가득한 선명하고 아름다운 색깔들. 파랑, 빨강, 초록, 보라, 그리고 노랑. 아, 저 색깔들을 보라. 그리고 키와 몸매, 피부색까지 너무도 다양한 사람들. 정말 놀랍지 아니한가? 나는 휴대전화가게 앞에서 줄을 서 있는 동안에도 여전히 살아있다!"

게티스의 깨달음은 심리치료사이자 선불교 승려 자쿠 킨스트의 초심에 대한 설법과 상당히 유사하다. 킨스트에 따르면 "초심이란 일종의 유연성이다. 다시 말해서 어떤 방향으로든 갈 수 있으며, 앞으로 어떤 사람이 될지를 아직 모른다는 감정이 바로 초심이다. 그런 감정으로부터 우리는 열정과 살아있음을 느낀다."

가능성으로 가득한 세계

나는 켄 데이글 목사가 운영하는 샌프란시스코 유니티 교회의 영성센터에 다니고 있다.

데이글 목사에 따르면, "초심은 어떤 교훈이든 더 쉽게 배울 수 있도록 도와주는 아주 멋진 전략이다. 초심을 통해 여러분은 이미 안다고 생각했던 모든 것들을 잠시 의도적으로 내려놓을 수 있다. 그러면 선생이나 멘토가 제안하는 활동이 일견 아무리 비논리적이고 사소하고 의미 없어 보일지라도 가벼운 마음으로 해낼 수 있게 된다. 그리고 그제야 여러분은 무제한적인 가능성을 경험한다."

아이들은 세상의 이치가 어떻다는 선입견을 가지고 있지 않기 때문에 세상을 끝없는 가능성으로 채운다. 다음 사례를 읽어보자.

한 아버지가 말했다. "저에게는 세 딸이 있습니다. 각각 열 살, 여덟 살, 여섯 살이지요. 어느 날 큰아이가 오더니 이렇게 말하더군요. '아빠, 이제부터는 아빠 차 타고 학교에 가지 않을래요. 애들이 비웃는단 말이에요. 다른 애들은 다 걸어서 등교하니까 저도 할 수 있어요.' 그러자 일곱 살짜리 둘째가 말했죠. '아빠. 나는 학교까지 걸어가기 싫어요. 차로 태워다주세요.'"

그 말을 들은 아버지는 막내를 바라보며 물었다. "어떻게 생각해?"

막내는 이렇게 대답했다. "그럼 중간까지만 데려다주세요. 나머지 반은 걸어갈게요."

이처럼 무엇이든 하나로 정해진 정답이란 없다. 마음속에 언제나 초심을 간직하고 있는 아이들에게 세상은 가능성으로 가득하다. 목표를 이루기 위해 한 가지 방법만을 고집하지 않는다. 반면에 어른들은 자신의 생각만이 옳다고 우겨대는 경우가 많다. 때로는 틀린 말을 하는 줄도 모르고 고집을 부리기도 한다. 하지만 그 고집을 조금 꺾고, 어떤 상황이 가진 모든 가능성을 발견할 수만 있다면 그것이 얼마나 새롭고도 보람 있는 일이겠는가? 우리가 자신의 관점만을 고집하지 않고 상대방의 관점도 이해하려고 노력한다면, 우리를 둘러싼 분란이 저절로 잦아들면서 선택지도 더욱 많아지지 않을까?

누군가 말했다. "아이들은 물음표를 가지고 학교에 들어가서 마침표를 가지고 떠난다." 그러나 어른이 되어서도 물음표를 간직한다는 건 생각보다 그리 나쁜 일은 아니다. 호기심으로 가득하다는 것은 곧 탐구한다는 것, 따라서 정답을 알지 못한다는 것을 뜻한다. 그런데 많은 경우 알지 못하는 것이 아는 것보다 오히려 더 큰 가치를 갖기도 한다. 무언가를 안다고 생각할 때 우리는 옳다고 믿는 그 방향에 완전히 갇혀버린다. 자기 의견만을 고수하고 다른 어떤 탐구의 기회에도 마음의 문을 닫아버린다. 하지만 마치 아이처럼 아무것도 모른다고 생각할 때 우리는 온갖 종류의 가능성에 대해 완전히 마음의 문을 연다.

알지 못한다는 것은 천진난만하다는 의미이기도 하다. 알지 못할 때 우리는 옳은 것과 그른 것 모두에 열려 있다. 사실, 애초에 옳고 그름이 존재하지도 않는다. 모든 것은 그저 있는 그대로 존재할 뿐이다. 다음에 소개할 고대 수피교의 우화에서도 이런 교훈을 얻을 수 있다. 두 남자가 다툼을 해결하기 위해 재판관을 찾아갔다. 첫 번째 남자가 자기의 주장을 펴자 재판관은 "그 말이 옳소"라고 답했다. 그러자 두 번째 남자는 자기 의견을 개진하였고, 재판관은 역시 "그 말이 옳소"라고 답했다. 그러자 재판정의 서기가 "둘 다 옳을 순 없습니다!"라고 소리쳤다. 그러자 재판관이 대답했다. "그 말도 옳소!"

소설가 마르셀 프루스트에 따르면 발견이란 새로운 지형을 찾아내는 것이 아니라 새로운 눈을 갖는 것이다. 어른에게는 아이의 눈으로 세상을 바라보는 것이 새로운 눈을 갖는 것과 같다.

몇 년 전 캘리포니아 지역방송 프로그램에서 어느 은퇴 교사의 이야기를 다룬 적이 있다. 그녀는 아이들과 함께 샌프란시스코 전역의 산을 다니면서 하이킹을 하고 있었다. 그들의 여정이 특별했던 건, 마치 아이처럼 기쁘게 새로운 것들을 발견해내는 그녀의 모습 덕분이었다. 그녀는 수시로 가던 길을 멈추고 '특별한 것'을 찾아냈다. 무당벌레 한 마리에도, "봐, 정말 특별해!"라고 외쳤고, 주황색 양귀비꽃에도, "봐, 정말 특별해!", 풀잎에 맺힌 이슬방울에도 "봐, 정말 특별해!"가 터져 나왔다. 그녀에게는 심지어 평범한 회색 돌멩이나 흔히 볼 수 있는 잡초마저도 특별했다.

아마도 아이들이 나이 든 그 교사에게 우리를 둘러싼 모든 것들이 진정으로 '특별하다'는 사실을 알려주었을 것 같다. 아이들은 어른들이 당연하게 받아들이는 많은 것들에서도 놀라움을 발견하기 때문이다. 반면 어른들은 일상적으로 볼 수 있는 것들의 특별함을 잊고 사는 경우가 많다. 그 프로그램은 바로 그런 어른들을 위한 것이었다.

나는 아침마다 반려견을 산책시키면서 많은 사람들이 출근하는 모습을 본다. 때로는 그들과 눈을 마주치며 아침인사를 나눠보려고 하지만 도저히 불가능하다. 거의 모든 사람들이 휴대전화기 화면을 내려다보며 걸어가기 때문이다. 이메일과 문자 메시지에 완전히 몰두한 나머지 거의 부딪힐 뻔하며 나를 지나쳐 가는 사람들도 많다. 그러니 오늘날 많은 사람들이 주변환경을 제대로 바라보거나 감사해 하지 않는 것도 그리 놀라운 일은 아니다. 하물며 그 안에서 특별함을 발견하기란 얼마나 더 어렵겠는가?

단순한 시간

영국에서 아주 오랫동안 시청자들의 사랑을 받았던 〈텔레토비〉라는 텔레비전 프로그램이 있다. 아기들을 위한 프로그램이긴 하지만 어른인 나에게도 왠지 모르게 매력적이다. 아마 그렇게 느낀 사람이 나뿐만은 아닐 것이다.

텔레토비의 매력은 아기와 비슷하다. 단순함, 순수함, 그리고 즐거움이다. 등장하는 캐릭터들의 이름도 아주 재미있다. 보라돌이. 뚜비. 나나. 뽀! 텔레토비를 보고 있자면 지금보다 모든 것이 단순했던 어린 시절로 돌아가는 듯한 기분이 든다. 그때는 모든 것이 너무나 신기하고 황홀해서 뭐든지 한 번으로는 부족했다. 놀이터에서 미끄럼틀 하나를 타더라도 끝도 없이 반복하고 싶었다. 텔레토비도 똑같다. 짧은 놀이 영상을 본 텔레토비들은 "또! 또!"라고 말하여 같은 장면을 반복해서 틀어달라고 졸라댄다.

당신은 뭔가가 너무 재미있어서 끝도 없이 하고 또 하기를 바랐던 때가 언제인가? 무엇이든 흘긋 쳐다보고 지나치는 것이 아니라 진정으로 바라보았던 때는 언제인가?

부모와 아이가 걸어가는 모습을 보라. 부모는 얼른 가려고 야단인데 아이는 몇 걸음마다 멈춰서 세상을 탐구하려고 한다. 아이들이 바라보는 것을 어른들은 간과한다.

오늘 아침에 나는 서랍을 열어 옷을 꺼내다가 옷더미 속에 파묻혀 있는 아기용 신발을 발견했다. 내가 어렸을 때 신던 것인데 오랫동안 거기에 처박아두고 쳐다보지도 않았다. 이제 나는 이 신발을 바라보며, 바라보는 것과 바라보지 않는 것에 대해서 글을 쓰려고 한다. 평소보다 훨씬 자세히 신발을 살펴본다. 처음 그 신발을 신었을 때 기분이 어땠을지를 상상해본다. 그 신발을 신고 뗀 나의 첫 걸음과, 모든 것이 더 단순했던 그때, 내가 모든 것을 처음 보았던 그때를 떠올려본다.

철없는 어른 되기

초심을 되살리고 싶은가? 그렇다면 아침에 일어나 침대에서 내려올 때 평소 내려오던 쪽이 아닌 반대편으로 내려오는 것부터 시작해보라. 평소 사용하던 손이 아닌 반대 손을 이용해서 아침식사를 해보는 것도 좋다. 평소와는 다른 길로 출근을 하고, 평소와는 다른 말로 전화를 받아보라.

위의 제안들을 시도해본 다음 철없는 어른이 되기 위한 자신만의 방법을 만들어보라.

아이의 눈으로 바라보라

엄마가 쇼핑을 하는 동안 어린 남자아이가 백화점 에스컬레이터 아래에서 있었다. 아이는 움직이는 손잡이를 한참이나 바라보고 있었다. 백화점 직원이 이 모습을 보고 다가와서 물었다. "엄마 잃어버렸니?" "아니요." 아이가 대답했다. "제 풍선껌이 돌아오기를 기다리고 있어요."

03 용기

어린 시절 신기한 것들 사이를 부산스럽게 돌아다니던 우리는
에너지와 열정으로 똘똘 뭉쳐 있었다.
우리는 늘 새로운 흥밋거리를 찾아 헤맸다.

_앨런 그레저먼, 『모래상자의 교훈』 중에서

원래는 이 장의 제목을 '찬란하게 빛나라'로 할 생각이었다. 하지만 다시 생각해보니 아이들의 마음가짐을 다루는 책에서 그런 고급스러운 단어를 쓰는 건 왠지 적절치 않을 것 같았다. 물론 '찬란하다'라는 단어는 '생동감이 넘친다'와도 일맥상통하므로, 아이들의 활기찬 열정을 설명하기에 어느 정도 적합해 보이기는 했다. 하지만 무엇보다도 아이들이 흔히 알고 자주 쓰는 단어가 아니라는 점에서 내 마음에 큰 울림을 주지 못했다. 그래서 대신 '용기'라는 단어를 골랐다. 훨씬 단순하기도 하거니와, 아이들에게서 배워야 할 대담함, 두려움 없는 열정을 표현하기에 딱 알맞은 단어가 아닌가.

삶을 온전히 즐기고 있는가?

아이들은 시끄럽다. 소리를 지르고, 제자리에서 쿵쿵 뛰고, 여기저기를 끝도 없이 뛰어다닌다. 아이들은 삶을 온전히 즐긴다. 많은 어른들은 아이들의 활기를 아주 조금이라도 배우고 싶어 한다. 과연 세 살짜리 어린아이의 삶이란 어떤 것일까? 앨런 그레저먼의 글을 통해 다시 한번 떠올려보자.

"우리는 항상 재미있게 놀았고, 뱃가죽이 아플 때까지 웃었으며, 바보 같은 노래를 불러댔다. 우리 자신과 주변 모든 이들을 신나게 해줄 여러 가지 일들을 끝도 없이 해내고, 많은 것들을 빛의 속도로 배웠다. 우리는 모든 감각을 최대한 예민하게 세운 채 세상을 활보했다. 눈에 보이는 모든 총천연색을 관찰하고, 손에 닿는 모든 것을 만졌으며, 작은 몸으로 올라갈 수 있는 곳이라면 어디든 기어올랐고, 우리를 유혹하는 모든 냄새와 소리를 따라갔고, 손이 잡히는 것은 무엇이든 입으로 집어넣어 부모님과 주변의 어른들을 경악케 했다."

그리고 우리는 가끔 춤을 추기도 했다. KPC 미디어그룹의 편집자인 그레이스 하우스홀더에게서 춤에 관한 기분 좋은 이야기를 들은 적이 있다. 일곱 살 여자아이 밤비는 할아버지 개비와 함께 골프 연습을 하고 있었다. 개비의 자동차가 근처에 있었으므로 둘은 자동차에서 흘러나오는 음악을 들을 수 있었다.

"저건 무슨 음악이에요?" 밤비가 물었다.

"글렌 밀러의 〈인 더 무드In the Mood〉라는 곡이란다." 개비가 말했다. "할머니와 이 음악에 맞춰 춤을 추곤 했어. 어때, 좋지?"

"네." 밤비는 리듬에 맞춰 몸을 움직이며 말했다.

"그런데 몸이 자꾸 움직여서 공을 칠 수가 없어요!"

어느 날 아침, 나는 공항에서 비행기를 기다리고 있었다. 주변에 아이들은 보이지 않았고, 어른들만이 신문을 읽거나 잡담을 나누거나 허공을 멍하니 바라보고 있었다. 그런데 갑자기 스피커에서 항공편이 취소되었다는 방송이 시끄럽게 울려 퍼졌다. 짜증이 난 승객들은 비행 일정을 변경하기 위해 창구로 몰려들었다. 그때 두 아이가 내 눈길을 사로잡았다. 일곱 살과 여덟 살 정도 되어 보였다. 이 상황에 대해 불평하지 않는 사람은 두 아이뿐인 것 같았다. 상황이 이렇게 되었음에도 두 아이만은 좋은 시간을 보내고 있었다.

아이들은 바닥에 주저앉더니 작은 가방에서 플라스틱 '돌연변이 닌자거북' 한 무더기를 꺼내어 놀기 시작했다. 그리고 얼마 후에는 닌자거북 놀이가 질렸는지 바닥 카펫에 난 선을 밟아가며 놀았다. 카펫 한 칸마다 몇 가지 색깔이 뒤섞여 있는지를 세어보기도 하고, 하나의 카펫에서 다른 카펫으로 뛰어넘는 게임을 만들기도 했다.

아이들은 별것 아닌 것에도 금세 신이 나서 즐겁게 논다. 아주 어렸을 때 나는 어머니와 함께 먼 친척뻘 되는 아주머니의 집에 자주 놀러가곤 했다. 그 집에 가면 나는 곧장 부엌으로 달려가서 찬장에 있는 온갖 그릇과 냄비를 전부 꺼내어 놓고 몇 시간씩을 놀았다고 한다. 아이들은 유아용 가위와 낡은 전화번호부 하나면 몇 시간이고 즐겁게 놀 수 있다.

아이들에게는 장난감 포장상자가 장난감 그 자체보다도 더 재미있는 놀잇감이 되기도 한다. 『그래서 도대체 키스가 뭔데?What is a Kiss Anyway?』의 저자 수잔 루이스는 말한다.

"나의 두 살배기 아들은 오디오테이프의 필름을 풀어헤칠 때, 속옷을 머리에 뒤집어 쓸 때, 유리탁자에 유리장식품을 두드리면서 음악을 만들 때 가장 행복해한다. 첫째 아이와 둘째 아이에게도 따로 장난감은 필요치 않다. 내 컴퓨터를 해체하거나 카메라 렌즈를 분리하거나 내 화장품으로 얼굴에 온통 그림을 그리는 걸로 충분하다."

자유로운 정신

이마니 라자는 뉴욕에서 일곱 살 난 아들 오리온과 함께 살고 있다. 그녀는 아들이 가르쳐준 교훈에 대해 나에게 이렇게 말했다.

"아이는 제게 어떻게 하면 진정한 자아를 찾을 수 있는지, 정말 나를 행복하게 하는 것은 무엇인지를 가르쳐줘요. 아이는 정말 신기해요. 계속해서 뭔가를 만들어내고 그려내거든요. 색채와 구성을 보면 좋아서 어쩔 줄 몰라 하고, 자신이 좋아하는 물건을 끝도 없이 그려낸답니다. 기차를 무척 좋아해서 기차를 그리고 또 그리지요. 당신도 제일 아끼는 바지에 그림을 그리고 싶다거나 길 한복판에서 큰 소리로 노래를 부르고 싶다면, 그냥 저질러버리세요! 못할 이유가 뭐가 있나요? 아이들은 주변 사람들이 뭐라고 할지에 대해서는 생각하지 않아요. 아이들은 자유롭답니다."

그림 그리기를 통해서도 아이들의 정신이 얼마나 자유로운지를 엿볼 수 있다. 사진가인 제프 레니케의 작품 중에 온갖 화려한 색채가 흩뿌려진 앞치마들이 옷걸이에 걸려 있는 사진이 있다. 그 사진에 대해 레니케는 이렇게 설명한다. "아홉 살에서 열한 살 사이의 아이들 열두 명을 모아 물감놀이를 하게 했어요. 손에 빨강, 노랑, 초록 물감을 찍어서 종이에 제멋대로 휘갈기며 해바라기와 소방차를 그렸죠. 그림 그리기가 끝나자 아이들이 떠난 자리에 앞치마들만이 남겨졌습니다. 그걸 모두 모아 제멋대로 걸어두자 그 자체로 하나의 태피스트리가 됐어요. 예술은 즐겁고 왁자지껄한 것이어야 한다는 사실이 다시금 떠오르더군요. 아이들은 이미 그걸 알고 있었던 겁니다."

증명할 길은 없지만 레니케가 만약 성인들을 대상으로 똑같은 물감놀이 수업을 진행했다면 앞치마는 아마 그렇게 화려한 색깔로 물들지 않았을 것이다. 어쩌면 한 방울의 물감조차 묻지 않았을지 모른다.

이 이야기를 듣고 나는 전에 들었던 미술수업이 떠올랐다. 그때 강사는 내게, 무엇을 그릴 것인지에 대해서는 생각하지 말고 그저 마음 가는 색깔을 붓에 묻혀 마음대로 끼적여보라고 말했다. 그리고 그런 행위를 아주 오랜 시간 동안 계속하게 했다. 그림이 이미 완성되었다고 아무리 항의해도 강사는 "계속 그리세요"라고 말할 뿐이었다. 45분 동안이나 계속 물감을 칠하면서 몇 번이나 더 그림이 완성되었다고 말했지만, 강사는 심지어 이젤에 종이를 고정하느라 꽂아두었던 압정을 모두 뽑아낸 뒤 이렇게 말했다. "보세요. 여기 아직도 흰 공간이 있잖아요. 계속 그리세요."

그때 만약 내가 아이의 눈으로 상황을 바라보았더라면 그렇게 엄청난 두통과 불만에 시달리진 않았을지 모른다. 아마도 조금씩 색깔을 덧입히는 과정을 즐기며 도화지에 신나게 물감을 흩뿌리지 않았을까.

"나를 보세요"

언젠가 저녁파티에서 세 살쯤 되어 보이는 남자아이를 만난 적이 있다. 아이가 곁에 있으면 어른들끼리 대화를 이어가기란 어려웠다. "안녕하세요, 여러분. 저 여기 있어요"라고 굳이 선언하지 않아도, 아이는 나타날 때마다 존재감을 분명히 드러냈다. 아이는 우리가 무엇을 하든, 누가 무슨 말을 하든 조금도 신경 쓰지 않았다. 그저 테이블마다 돌아다니며 사람들에게 다가가 이렇게 말했다. "안아주세요." 놀라운 점은, 아이가 인종도, 민족도, 그리고 성별까지도 전혀 신경 쓰지 않고 모든 이에게 다가가 말을 걸었다는 사실이었다. 아이는 세상이 자신에게 우호적이며, 그곳에 있는 모든 이들에게 자신이 '선물'이라는 사실을 본능적으로 알고 있었다.

육아 블로그 "크벨러Kveller(마음껏 즐기는 사람)"를 운영하는 스테파니 카노비츠는 타인의 관심을 받아들이는 법을 아들에게서 배웠다고 한다. 카노비츠에 따르면, 아이들은 놀이터에서든 집에서든 새로 습득한 기술을 뽐내기를 아주 좋아한다. 아이들은 끊임없이 "나 좀 보세요!"라고 소리친다. 카노비츠는 말한다.

"어느 순간부터 우리는 자신의 성취나 능력을 자랑하는 것이 부적절한 행동이라고 생각하지만, 꼭 그런 건 아닐지도 몰라요. 어떤 아이가 '나 이것도 할 수 있어!'라고 소리치더라도 다른 아이들이 질투를 하거나 화를 내는 법은 없어요. 오히려 자기도 해보려고 노력하거나 '대단하다!'고 치켜세워줄 뿐이죠. 제 아들은 기는 법을 배우려고 몇 달 동안이나 물리치료를 받았어요. 마침내 휘청거리며 스스로 기어가게 되었을 때 저는 지금껏 한 번도 느껴보지 못한 성취감과 자부심을 느꼈지요. 제 아들이 드디어 기어 다니게 되었다는 사실을 지역방송사 뉴스에 속보로 내보내고 싶은 심정이었답니다. 결국은 페이스북에 올리는 것으로 만족하기로 했지만요. 그런데 글을 올리려고 자판을 두드리다가 문득 이런 생각이 떠올랐어요. 아, 이거 유난 떠는 엄마들이나 하는 짓 아니던가? 오로지 애들에 대한 글만 올려서 짜증 유발하는 엄마들 말이야. 솔직히 내가 애들에 대한 글을 많이 올리기는 하지. 이런 것까지 올리면 정말 비웃음을 살지도 몰라. 이걸 보고 사람들이 '아, 쫌! 못 기어 다니는 아기가 어디 있다고 저러는 거야! 정신 차려요, 아줌마!'라고 생각하면 어떡하지라고요."

그녀는 이야기를 이어갔다. "하지만 기쁨이 의구심을 압도했으므로 저는 곧 '올림' 버튼을 눌렀어요. 그러자 곧 '좋아요'가 쏟아져 들어오기 시작했고 사람들은 '이 글을 얼마나 기다려왔는지 몰라요' 같은 댓글을 달기 시작했어요. 내가 자랑스러워한다고 해서, 그 경험을 다른 이들과 나누었다고 해서 나를 비난하는 사람은 없었어요. 아니, 속으로는 그랬을지 몰라도 최소한 제게 대놓고 말하는 사람은 없었죠."

크노비츠가 아들에게 배운 교훈처럼 자기 자랑을 좀 하는 것도 괜찮다. 물론 자부심이 너무 큰 나머지 다른 사람들의 성취는 무시하고 자신의 것만을 크게 부풀리는 태도는 건강하지 못하다. 하지만 타인을 인정해주면서도 동시에 자신의 자랑거리를 알리는 일은, 최소한 내 생각에는 조금도 문제될 것이 없다.

그것이 바로 아이들의 태도이며, 어른들도 배워야 한다. 조셀린 켈리의 말을 들어보자. "학교에서 또는 축구경기에서 있었던 일에 대해 말할 때 아이들은 보통 자신을 영웅으로 묘사합니다. 세상이 자기 자신을 중심으로 돌아가지요." 하지만 "나이가 들수록 우리는 자만하거나 자기중심적인 사람이 되기를 원하지 않고, 따라서 우리 자신의 능력이나 성취를 평가절하하곤 합니다. 어른들은 떠벌리고 자랑하는 것을 싫어하지요. 하지만 그러다 종종 자기 비하에 빠져버리기도 합니다. 타인의 기분을 위해, 또는 타인의 호감을 사기 위해서 자기 자신을 경시하는 것입니다. 겸손이라는 그럴 듯한 기질을 갖추고자 우리는 스스로를 평범한 사람이라고 설득하기 시작합니다."

세상은 우리의 빛을 필요로 한다. 어쩌면 지금 이 순간이 바로, 부끄러움은 제쳐놓고 아이처럼 용기를 가질 때인지도 모른다. 그래야만 우리는 환하게 빛날 수 있다.

디저트부터 먹어라

이런 말을 들어본 적이 있는가? "인생은 짧다. 디저트부터 먹어라." 하지만 정말 이렇게 하는 사람이 몇이나 될까? 나는 실제로 몇 번 해본 적이 있다. 인상적인 경험이었다.

언젠가 강연회 일정 때문에 오하이오주 콜럼버스에 갔다. 그곳에서 친구 스티브 윌슨과 그의 아내 팸을 만나서 함께 저녁식사를 하러 갔다. 우리가 자리에 앉자 종업원은 식사 메뉴판을 들고 왔다. 우리는 디저트 메뉴를 먼저 보여달라고 요청했다. 종업원은 잠시 당황한 것 같았다.

"네, 손님. 식사는 안 하고 디저트만 드시겠다는 말씀이시죠?" 그가 말했다.

"아뇨. 식사도 하고 디저트도 먹을 거예요." 우리는 대답했다.

"그러면 식사 메뉴 먼저 주문받고, 디저트 메뉴를 주문받으면 되겠습니까?"

10여 분 가까운 실랑이를 거친 끝에야 종업원은 우리 의도를 이해하고 디저트 메뉴판을 가져다주었다. 우리처럼 디저트를 먼저 주문하는 사람은 아무도 없는 모양이었다.

또 한번은 '디저트부터 먹는 생일파티'를 기획한 적이 있다. 나는 갖가지 맛깔스러운 디저트를 집에 차려놓고 친구들을 초대했다. 먼저 디저트를 먹은 뒤 함께 언덕 아래 레스토랑으로 향했다. 그곳에 늦은 점심을 예약해둔 터였다.

친구 중 한 명은 위의 식당 종업원처럼 나의 의도를 도무지 이해하지 못했다. "어떻게 밥 먹기 전에 디저트부터 먹을 수 있어? 입맛 다 떨어지게!" 당시 생일파티에는 아이가 한 명도 없었지만, 만약 있었다면 틀림없이 기뻐하며 탁자에 놓인 다양한 사탕을 전부 맛보았을 것이다.

그건 그렇고, 당신도 만약 나처럼 식사하기 전에 디저트부터 먹고 싶은데 핑계가 마땅치 않다면 그냥 식당 종업원에게 물어봐도 된다. "애들처럼 식사 전에 디저트부터 먹을 수 있을까요?" 그는 과연 뭐라고 대답할까?

먹기의 기술

아기들은 맛있는 음식을 보면 정신을 못 차리고 달려들곤 한다. 얼마 전 지인 아기의 돌잔치에 참석했다가 직접 목격한 일이다. 엄마아빠가 아기 전용으로 만든 작은 생일케이크를 아기의자 식판 위에 올려놓았다. 그러자 아기는 망설임 없이 두 손을 생크림 속에 푹 찔러 넣고 케이크를 파먹기 시작했다. 자기만의 케이크 파티가 끝날 무렵 온 식판은 케이크 부스러기로 가득했고, 얼굴은 생크림 범벅이 되었으며, 주변 바닥에는 케이크 조각들이 잔뜩 흩뿌려져 있었다. 닦아주려고 옮기는 과정에서 아기가 내 쪽으로 손을 뻗는 바람에 심지어 내 셔츠에도 생크림이 조금 묻었다. 문득 칼라 에드미스턴이 아이와 음식에 관해 들려주었던 경험담이 떠올랐다.

네 살 난 아들과 함께 볼일을 보려고 외출했을 때의 일이다. 나는 아들을 데리고 가장 좋아하는 멕시코 패스트푸드 전문점에 들렀다. 먹을 것이라면 사족을 못 쓰는 아들과의 식사가 늘 그렇듯이 나는 휴지를 가지러 수시로 일어서고, 아이가 뭘 쏟으려고 하면 테이블 너머로 돌진하고, 떨어진 나초를 주우려고 테이블 아래로 기어들어가기를 반복하고 있었다. 휴지를 더 가지러 갔다가 돌아오는데 유니폼을 입은 젊은 남자직원과 눈이 마주쳤다. 그는 내게 환하게 웃어보였다. 나 역시 그를 향해 웃어주었다. 자리에 앉자 테이블 너머로 감탄스러운 듯 나를 바라보는 그 직원이 보였다. 아직도 나를 보며 웃고 있었다.

식당을 나설 때에도 이 잘생긴 직원은 나를 쳐다보며 다시 웃어보였고, 내게 말이라고 걸고 싶은 듯한 표정을 지었다. 분명 아는 사람은 아니었다. 나는 그를 향해 생긋 웃어준 뒤 아이를 데리고 가게를 떠났다.

주차장에서 아이를 카시트에 태우느라 또 한바탕 소동을 치르다가 팔이 윗옷을 스쳐 지나는데 뭔가 축축한 느낌이 들었다. 그리고 그제야 나는 그

잘생긴 종업원의 귀여운 웃음이 거부하기 어려운 나의 매력과는 무관한 것임을 깨달았다. 셔츠 가슴 아래쪽이 사워크림과 과카몰리, 살사소스로 완전히 뒤범벅되어 있었다.

철없는 어른 되기

다시 아이로 돌아가기 위해 할 수 있는 몇 가지 활동이 있다. 한번 시도해보라.

- 당신에게 기쁨과 즐거움을 주면서도 한 번에 만 원 넘게 들지 않는 활동을 일곱 가지만 적어보라. 그리고 하루에 한 가지씩 실행에 옮겨라.
- 다음번 여행에서는 아이들을 관찰해보라. 아이들이 세상을 어떻게 놀이터로 탈바꿈시키는지 살펴보라.
- 한 주 동안 잘 해냈으니 이제는 보상을 받을 시간이다. 자기 자신에게 영화를 한 편 보여줘라. 아이스크림을 사줘도 좋다. 기왕이면 두 가지 맛, 아니, 세 가지 맛으로 사 먹도록. 뜨거운 물에 거품을 잔뜩 풀어놓고 오랫동안 목욕을 즐기는 것도 좋다.

04 창의력

나는 내 인생의 10년을 피앤지P&G사에 헌신했다. 피앤지는 늘 깔끔한
정장만을 고집하는 기업으로, 점잖기로는 둘째가라면 서럽다.
하지만 나는 조금도 개의치 않고 당당하게 나만의 색깔을 추구했다.
내 사무실은 2미터짜리 벅스 버니 캐릭터와 거대한 개구리맨, 판지로 만든
2.5미터짜리 야자수와 서핑보드로 꾸며져 있었다.

_더그 홀, 『당신의 두뇌를 깨워라Jump Start Your Brain』의 저자

위대한 사상가, 발명가, 예술가 들은 놀이와 창의력 사이에 아주 밀접한 관련이 있다는 사실을 알고 있었다. (놀이 자체에 대해서는 뒤에서 더 자세히 다룰 생각이다.) 사실 인류의 수많은 발견은 어떤 노력을 해야 할지 막막한 순간에 찾아왔다. 생각을 갖고 놀다가 우연히 새로운 시각을 얻게 된 것이다.

'사랑을 노래한 현자' 레오 부스칼리아는 놀이가 창의력을 발휘하는데 얼마나 큰 도움을 주는지를 늘 강조했다. 그는 삶을 더욱 재미있고 즐거운 것으로 만들기 위해, 동시에 창의력을 고취시키기 위해 규범을 깨뜨리고 창의적으로 행동하기를 좋아했다. 어린아이처럼 나뭇잎을 가지고 놀거나 내리막길을 깡충거리며 뛰어내려오기도 했다. 이렇게 즐거운 시간을 보내고 나면 그는 가장 창의적이고 훌륭한 작품을 써낼 수 있었다고 한다.

창조적인 문제해결법

옛날에 어느 귀족이 사격술을 가르치려고 아들을 군사학교에 보냈다. 5년 뒤 아들은 사격에 관한 모든 것을 배웠고, 졸업식에서 학위와 함께 금메달을 받아서 자신의 뛰어난 능력을 증명하였다.

졸업식을 마치고 집으로 돌아오는 길에 아들은 말을 잠시 쉬게 하려고 작은 마을에 들렀다. 그런데 어느 집 안마당에서 마구간 벽에 분필로 그려진 동그라미들과 정중앙에 남은 총탄의 흔적들을 발견했다. 아들은 깜짝 놀라 그것을 들여다보았다. 도대체 누가 이렇게 완벽히 한가운데에 총을 쏠 수 있단 말인가? 어느 군사학교에서 공부한 그 누구이기에, 도대체 어떤 메달을 받았기에 이다지도 뛰어난 사격술을 갖추었단 말인가?

한동안 궁금해하며 생각을 거듭한 끝에 아들은 그 명사수의 정체를 알아낼 수 있었다. 놀랍게도 그는 너덜너덜한 넝마를 걸친 맨발의 작은 소년이었다. "누구에게 배웠기에 이리도 총을 잘 쏘느냐?" 아들이 물었다.

소년은 이렇게 설명했다. "그냥 벽을 여러 번 쏘았습니다. 그리고 분필을 가져다가 총알 자국 주변에 동그라미를 그렸지요."

어린 시절 나는 다른 아이들처럼 운동화끈 매는 법을 몰랐다. 그래서 나 역시 창의력을 발휘하기로 했다. 사람들은 대부분 운동화끈 한쪽 끝으로 고리를 하나 만들고, 다른 한쪽 끝으로 그 고리를 한 바퀴 두른 뒤에 다시 첫 번째 고리 사이를 어찌어찌 통과시켜서 두 번째 고리를 만든다. 나는 그 '평범한 방법'을 도무지 알 수가 없었다. 그래서 끈의 양쪽 끝에 각각 고리를 만든 다음 두 고리를 그냥 묶어버렸다.

이렇게 특이한 방식으로 신발끈을 묶는 것 자체가 내 삶에서 중요한 의미를 갖는다고는 할 수 없겠지만, 나의 사고방식을 보여주는 중요한 부분이라고 생각한다. 나는 어떤 문제든 여러 가지 해결방법이 있다고 믿는다. 당신도 살면서 늘 안 된다고만 말하는 사람들을 마주하게 되겠지만, 성취하고자 하는 목표를 달성하기 위한 또 다른 길, 즉 대안은 분명 있게 마련이다.

언젠가 도저히 극복하기 어려워 보이는 문제에 직면하여 한 발자국조차 움직일 수 없는 상황이 오면, 과연 아이들이라면 이 문제를 어떻게 해결할지 생각해보라. 예를 들어, 어떤 부모가 집을 부동산에 내놓으면서 불시에 손님이 찾아올 것에 대비해 아이에게 매일 아침 침대를 깨끗이 정리해야 한다고 말했다고 한다. 그리고 엄마는 매일 아침 아이방에 올라가서 방 상태를 확인했다. 방은 늘 깨끗했고, 엄마는 기쁘면서도 의아했다. 그런데 얼마 후 그 비밀이 밝혀졌다. 어느 날 밤 아들의 방에 올라간 엄마는 바닥에 침낭을 깔고 잠든 아들의 모습을 발견했다.

직장동료로부터 아이들의 창의력을 보여주는 또 하나의 일화를 들은 적이 있다. 그 동료는 친구 아들의 생일파티 때문에 친구집을 방문했다고 한다. 생일을 맞은 아이는 이미 케이크를 네 조각이나 먹어놓고도 더 먹고 싶다면서 엄마를 졸라댔다. "엄마, 제발요. 네? 딱 한 조각만 더 먹을게요. 딱 한 조각만요."

생일파티의 즐거운 분위기를 깨고 싶지 않았던 엄마는, 곧 있으면 잠자리에 들어야 할 아들에게 농담조로 이렇게 말했다. "좋아, 그럼. 케이크를 베개 밑에 넣어두겠다고 약속하면 한 조각 더 줄게." 아이는 그 말에 고개를 끄덕이고는 침실로 올라갔다.

나중에 엄마가 아들을 살피러 방에 올라갔을 때 아이는 배 위에 베개를 올려둔 채 기분 좋게 잠들어 있었다.

고정관념 타파하기

교향곡의 아버지 프란츠 요제프 하이든이 이끌던 오케스트라의 단원들은 잔뜩 화가 나 있었다. 자신들을 고용한 후작이 휴가를 보내주기로 약속해놓고도 몇 년 동안이나 약속을 지키지 않았기 때문이다. 그러자 하이든은 〈고별 교향곡〉을 작곡하여 무대를 열었다. 처음에는 오케스트라 단원들 전원이 무대에 등장하여 음악을 연주하기 시작했지만, 맡은 부분이 끝나면 단원들은 하나하나 무대를 떠났다. 악장이 거듭될수록 무대 위의 연주자들은 점점 줄어들었다. 그리고 교향곡이 거의 끝날 무렵 무대 위에는 아무도 남아 있지 않았고, 후작은 그제야 하이든의 메시지를 이해했다고 한다.

우리는 하이든과 같은 독창적이고 창의적인 생각을 '고정관념에서 벗어난 생각'이라고 부른다. 하지만 아이들에게는 고정관념 자체가 없다. 그들은 자신의 창조성에 한계를 부여하지 않는다.

고정관념을 깨뜨린 아이의 생각 덕분에 그저 아픈 엄마를 응원하고

자 했던 단순한 생각이 전 세계적인 모금활동으로까지 이어진 놀라운 사례도 있다.

"암은 멍청이예요." 아홉 살인 아처 넬슨은 엄마의 암이 재발했다는 이야기를 듣고 이렇게 말했다고 한다. "왜 그런 줄 알아요? 엄마가 그 놈의 엉덩이를 벌써 한 번 걷어차 주었는데, 또 얻어맞고 싶어서 이렇게 돌아왔잖아요."

라디오 디제이였던 아버지의 영향 덕분인지 아처는 엄마를 위한 노래를 작곡했고 종이를 잘라 만든 가짜 CD에 녹음도 했다. 노래의 제목은 "쭈쭈는 거꾸로 해도 쭈쭈"였다. 노래가사는 이런 내용이었다. "삶이 우리에게 주는 선물들을 절대로 잊지 말라. 사탕, 삶, 맛있는 음식들, 그리고 즐거움!"

아처의 아버지는 자신이 일하는 라디오방송국 동료들에게 아들의 이야기를 들려주었고, 많은 이들이 감동을 받았다. 한 PD는 아는 음악가들에게 부탁해서 소년이 작사한 가사에 곡을 붙이기도 했다. 얼마 지나지 않아 방송국을 방문한 모든 음악가들이 작곡에 참여하게 됐다. 그 중에는 그레이트풀 데드라는 유명 밴드도 있었다. 아처의 아버지는 말한다. "아들의 생각 덕분에 사람들은 유방암 치료를 위해 힘을 모으게 됐어요." 한 어린이의 아이디어로 만들어진 '쭈쭈 프로젝트the Boob Project'는 지금도 전 세계에서 암 치료법 연구를 위한 비용 모금에 힘쓰고 있다.

나의 친구이고 동료이자 성직자인 엘빈 에버하트는 소책자 『유년기의 비밀을 재발견하다』에서 아이들의 창의력을 엿볼 수 있는 또 다른 사례를 소개했다.

> 어느 보육원 봉사자가 하루는 아이들을 몇 명 데리고 볼링장에 갔다. 아이들 모두 볼링은 처음이었다. 봉사자는 아이들에게 신발을 제대로 고쳐 신게 하고 자리에 앉아 아이들을 지켜보았다. 말을 꺼낼 시간도 없이 아이들 사이에는 피 튀기는 치열한 게임이 시작되었다. 몇몇 아이들은 볼링핀을 등지고 서서 몸을 앞으로 구부린 뒤 다리 사이로 공을 굴렸다. 옆 레인에서는 누구의 공이 핀에 가장 먼저 닿는지를 겨루는 경기와 누가 가장 느리게 공을 굴리는지를 겨루는 경기가 벌어졌다. 볼링을 치는 아이들의 숫자만큼 다양한 게임이 등장했다.
>
> 아이들이 노는 모습을 본 볼링장 종업원은 볼링은 그렇게 치는 게 아니라며 아이들에게로 달려갔다. 그러자 봉사자는 종업원을 가로막으며 "아무렇게나 놀면 어때요!"라고 말했다.
>
> 종업원은 말을 멈추고 다시 한번 아이들을 바라보았다. 아이들은 잔뜩 들뜬 채로 자기들만의 즐거운 시간을 보내고 있었다. 잠시 그들을 바라보던 종업원은 이렇게 말했다. "그러게요. 상관없겠네요!"

캘리포니아대학교 버클리캠퍼스에서 오래전에 이루어진 한 연구에 따르면 창의력이 탁월한 사람들의 지능은 덜 창의적인 동료들과 크게 다르지 않았다고 한다. 창의력의 열쇠는 지능이 아닌 일을 즐겁게 처리하는 능력에 달려 있었다. 연구자들이 이것을 '더 아이처럼 행동하는 능력'이라고 불렀다.

국경출입국 심사관들 중에서도 아이들처럼 고정관념을 깨뜨려 당면한 문제를 해결한 사람이 있다. 심사관들은 항상 라디오 소리나 자동차엔진 소리 등 갖가지 소음을 이겨내며 차창을 통해 사람들에게 소리쳐 질문을 한다. 그 역시도 늘 목이 쉬고 아프기 일쑤였다. 그런데 어느 날부터 그는 질문을 아주 조용하게 입모양만으로 던지기 시작했다. 그러자 운전자들은 하나같이 듣고 있던 음악과 자동차 시동을 끄고 창문을 내려 질문이 무엇이었느냐고 물었다고 한다.

직감을 믿어라

나는 과거에 텔레비전 방송사 CBS와 오프 브로드웨이Off Broadway(브로드웨이 연극과 상반되는 비상업적 연극_옮긴이) 연극의 무대연출가로 일했다. 무대 디자인을 위해 각본을 받아 보면 무대장치를 세세하게 묘사하는 작가도 있었지만, 그렇지 않은 경우도 있었다. 그러나 대부분의 경우 그건 크게 문제 되지 않았다. 풍경을 창조해내는 일은 결국 내 책임이었으므로 정말 중요한 건 내가 머릿속에서 그 장면을 어떻게 구성해내느냐였다. 보통 나는 작가가 제시한 것을 나의 경험 속에 잘 버무리고, 배경이 되는 시대나 장소에 대해 어느 정도 사전조사를 한 다음,

이 모든 정보가 내 머릿속에서 잘 '요리되도록' 한동안 그냥 놔뒀다. 그런 과정이 모두 끝나고 나서야 종이에 그림을 그리기 시작했다. 실제로 그림을 그리기 시작할 때가 됐다는 기분이 들면 나는 아주 빠른 속도로 무대를 대강 그려나갔다. 누구든 그 모습을 봤다면 내가 도대체 무슨 그림을 끼적이고 있는 건지 도무지 알아볼 수 없었을 것이다. 하지만 적어도 나에게 있어서만큼은 무대 설계의 핵심이 담긴 그림이었다. 작업이 끝날 때마다 나는 실제 무대와 처음 끼적였던 그림을 비교해보곤 했는데, 대개는 둘이 비슷한 느낌을 주었다.

이처럼 창의적인 사람이 되기 위한 중요한 조건 중 하나가 바로 과정을 신뢰하는 것이다. 나의 경우, 무대벽에 칠할 색깔을 고를 때나 글을 쓰다가 알맞은 단어를 고를 때, '바로 이거다!' 싶은 직감이 드는 경우가 종종 있다. 그러나 왜 그것이 옳다고 생각하는지를 설명하려고 할 때마다 '그게 옳다는 직감이 든다'는 것 말고는 더 좋은 설명을 찾기가 어려웠다.

적어도 창의력에 관해서라면 아이들이 어른들에게 위대한 스승이 될 수 있는 것도 바로 이 때문이다. 아이들은, 그렇게 해서는 안 된다고 배우기 전까지는 최소한 느끼는 대로, 다시 말해서 직감대로 행동한다. 아이들은 너무 깊게 생각하지 않는다. 무언가 옳다는 '느낌'이 들면 그저 해버린다.

텔레비전 프로그램 <캡틴 캥거루>의 무대 디자인을 할 때 나는 아이들과 관련된 것들을 찾아보면서 많은 도움을 받았다. 서점의 어린이

코너에 가서 영감을 얻기도 했다. 물론 어린이책이라고는 해도 어른들이 쓰고 그린 것이라는 사실은 잘 알고 있다. 하지만 아이들을 위해서 쓰인 책인 만큼, 그 책의 저자들은 아이와 같은 눈으로 세상을 바라보았다. 어린이책에서 큰 영감을 받을 수 있었던 건 바로 그 아이와 같은 시각 때문이었다.

예술가들 중에는 어린아이 같은 사람들이 특히 많다. 그들은 우리에게 사물을 바라보는 새로운 시각을 보여준다. 그들의 창의성을 접하고 나면 우리는 더 이상 세상을 이전에 바라보던 것과 똑같은 방식으로 바라볼 수 없게 된다. 예를 들어, 앤디 워홀 덕분에 우리는 가정에서 흔히 보던 캠벨의 수프 통조림을 마치 아이처럼, 새로운 시각으로 바라보게 되었다.

창의력을 다시 배울 수 있을까?

여러 연구에 따르면 인간의 창의력은 나이가 들수록 감퇴한다. 창의력의 감퇴는 심지어 아주 어린 나이부터 나타난다. 예를 들어, 여섯 살짜리 아이들의 90퍼센트는 창의적이다. 하지만 여덟 살 아이들을 살펴보면 그 수치가 10퍼센트까지 떨어진다.

그러니 대부분의 어른들이 어렸을 때보다 훨씬 창의적이지 못하다는 건 어찌 보면 아주 당연한 일이 아니겠는가? 아이들에게서 장난스러움과 창의력을 몰아내는 건 바로 부모와 교사들이다. 얌전히 좀 있으라고, 더 진중해지라고 아이들을 타박하고, 아이들이 던지는 장난스럽고 창의적인 물음에는 이런 '질문'으로 응수한다. "너 언제 철들래?"

만화가 휴 매클라우드의 말처럼, 유치원에서는 우리 모두가 색색의 크레파스를 받지만, 사춘기가 오면 받았던 크레파스를 모두 빼앗기고 지루한 것들만을 억지로 손에 쥐게 된다. 수학이나 역사 같은 것들 말이다. 하지만 우리 내면의 목소리는 '제발 내 크레파스를 돌려주세요'라고 애원하고 있다.

아이들의 창의력으로부터 무엇을 배울 수 있을지를 깊이 고민하다 보면 어른들도 잃어버렸던 크레파스와 창의적인 영혼을 되찾을 수 있다. 하지만 그러기 위해서는 약간의 노력이 필요하다. 먼저 세상에서 들려오는 온갖 소음을 차단해야 한다. 사람들이 휴대전화기에 대고 끊임없이 떠드는 소리, 소방차와 구급차, 경찰차의 사이렌 소리, 잔디 깎는 기계 돌아가는 소리, 전기톱 소리와 같은 시끄러운 소음에서 벗어나 나만의 조용한 공간을 찾는 것이 중요하다. 그래야만 방해를 받지 않고 새로운 아이디어를 떠올릴 수 있다. 여러분도 뜨거운 물로 긴 샤워를 하면서 아주 창의적인 생각을 떠올려본 경험이 있을 것이다. 아마도 그건, 마음을 차분하게 다독여주는 부드러운 물살과 우리의 생각만으로 그 공간이 가득 채워져 있고 다른 것은 아무것도 없었기 때문일 것이다.

아이들의 게으름 역시 창의력과 밀접한 관련이 있다. 깊은 밤 침대에 누워 생각을 흘러가는 대로 내버려둘 때나, 정원에서 땅을 팔 때, 숲속에서 느릿느릿 걸어 다닐 때를 떠올려보라.

내가 책에 쓰는 여러 가지 아이디어 중 상당수는 매일 아침 반려견을 데리고 공원을 산책할 때 떠오른다. 이미 머릿속에 있던 생각이라도 그런 시간을 거치면 더욱 명료해진다. 또는 매일 밤, 잠을 자려고 자리에 누웠을 때나 잠을 잘 수 없어 뒤척이는 한밤중에도 여러 가지 아이디어가 떠오르곤 한다.

창의적인 관점

스탠 프래거 박사의 딸은 발의 근육 일부가 손상된 채로 태어나서 다리에 항상 교정기를 차고 다녔다고 한다. 박사는 딸이 열 살이 되던 해에 일어난 아주 멋진 이야기를 우리에게 선사한다. 아이들이 얼마나 창의적인 관점을 가질 수 있는지를 완벽하게 보여주는 이야기다.

어느 아름다운 봄날, 학교에 다녀온 딸 사라가 운동회를 했다고 말하더군요. 아이에게 그 말을 듣고는 어떤 말로 위로를 건네야 할지, 어떻게 하면 아이의 마음을 달래줄지를 생각하느라 마음이 조급해졌어요. 그런데 내가 더 말을 꺼내기도 전에 아이는 이렇게 말했습니다. "아빠, 나 경기에서 두 번이나 이겼어요!" 도무지 믿을 수가 없었지요! 그런데 딸이 이렇게 덧붙이더군요. "어드밴티지를 받았거든요."

아. 그럴 줄 알았어. 달리기 경주를 할 때 다른 아이들보다 먼저 출발시켜 준다든가 하는 식으로 어드밴티지를 받았을 거라고 생각했습니다. 그런데 제가 또 아무 말도 못하고 있는 사이에 딸은 이렇게 말했습니다. "아빠. 경기에서 어떤 배려를 받았다는 게 아니에요. 내가 받은 어드밴티지는 다른 아이들보다 더 열심히 노력한 거였어요!"

약간의 창의력만 있으면 삶의 걸림돌이나 예기치 못한 위기상황들을 새로운 관점으로 바라볼 수 있다. 그 사실을 우리는 아이들에게서 배울 수 있다. 네 살짜리 딸을 둔 한 엄마는 조금만 마음에 들지 않으면 무조건 "싫어!"라고 소리를 질러대는 아이 때문에 인내심의 한계를 느끼고 있었다. 어느 날 아침 모녀가 집을 떠나기 전 엄마는 또 버릇없이 굴기 시작하는 딸에게 이렇게 경고했다. "너 계속 그렇게 짜증내면 밖에 안 나갈 거야."

느리게 주변을 둘러보던 아이는 어항 앞으로 가서는 자신의 짜증을 어항 속으로 휙 던져버리는 시늉을 했다. 그날은 정말 순조롭게 흘러갔고, 엄마와 딸은 이제부터 물고기들이 진짜 버릇없이 굴겠다고 말하며 신나게 웃었다고 한다.

영화 <개 같은 내 인생>에서는 한 소년이 '더 나빠지지 않은 게 어디야'라는 관점으로 세상을 바라보는 법을 가르쳐준다. 열세 살인 소년의 어머니는 지병을 앓다가 결국 돌아가시게 되고, 소년은 키우던 강아지를 빼앗긴 뒤 집에서도 쫓겨난다. 하지만 다른 사람들과 자신을 비교해본 소년은 자신의 상황이 그렇게까지 나쁘지는 않다는 사실을 깨닫는다. 우주에서 굶어 죽고 만 러시아의 우주 개 이야기나 영화 〈타잔〉에서 실수로 고압선에 걸려 순식간에 죽고 만 사람의 이야기, 나란히 서 있는 자동차들을 오토바이로 뛰어넘어 세계신기록을 세우려고 했지만 단 한 대가 모자라서 결국 실패하고 만 사람의 이야기를 되새기며, 소년은 이런 사람들에 비하면 자기는 꽤나 운이 좋은 편이라고 결론 내린다. 그는 우리에게 충고한다. 정말로 필요한 건 올바른 관점이라고.

우리는 아이들로부터 배운 이 위대한 교훈을 잊지 말아야 한다. 지금 상황이 아무리 나빠 보이더라도, 그보다 더 나빴을 수도 있다는 점을 기억하자. 우리는 매일, 매 순간을 최대한 향유해야 한다. 오늘이 우리의 마지막 날일지도 모르기 때문이다.

미친 지혜의 창의성

승려이자 명상가인 쵸그얌 드룽파 린포체가 제창한 '미친 지혜Crazy wisdom'라는 개념이 있다. 《탐구하는 정신》 2005년 봄호에서 진행한 인터뷰에서 아시아학과 교수인 스티븐 굿맨은 미친 지혜를 이렇게 설명한다. "미친 지혜를 가진 사람은 늘 사랑으로 가득하고, 환하게 빛나며,

끝없는 에너지로 충만합니다. …… 미친 지혜는 아무런 노력을 필요로 하지 않는 자연스러운 상태로서, 바라거나 두려워한다고 해서 얻을 수 있는 것은 아닙니다."

이런 설명은 흔히 아이들을 묘사하는 표현들과 매우 유사하게 들린다. 사랑으로 가득하고 환하게 빛나며 한계가 없고 자연스러우며 의도적으로는 달성되지 않는다니 말이다. 아마도 바로 이런 점 때문에 우리는 아이들이 떠올리는 창의적인 결론을 보며 그렇게 놀라워하는지도 모른다. 아이들은 자기들 나름대로의 논리에 따라 현명하게 행동하는 경우도 있지만, 어른들의 기준에서 생각해보면 다소 미친 것처럼 보일 때가 많지 않은가.

철없는 어른 되기

주변 상황이 우리 기분에 큰 영향을 미치는 건 당연하다. 아름다운 봄날 한적한 마을에서 산책을 해본 적이 있는가? 그때 얼마나 행복했는지를 기억하는가? 그러니 창의력을 키우고 싶다면 당신의 환경부터 살펴보라. 혹시 집이나 사무실이 칙칙하고 지루한가? 아니면 당신을 미소 짓게 만드는 무언가로 그곳을 꾸며 놓았는가? 당신에게 기쁨과 행복을 주는 물건을 가져다두었는가?

05 호기심

자연에 존재하는 모든 것에는 경이로움이 깃들어 있다.

_아리스토텔레스

호기심이 고양이를 죽였는지는 몰라도(지나친 호기심은 해롭다는 서양 격언) 기회는 호기심을 가져야만 열린다. 아이들은 이것을 안다. 아이들은 천부적으로 호기심이 많다. 열정적으로 무언가를 알고자 할 뿐 자신의 질문이 합당한 것인지를 따지지 않는다. 궁금하면 따지지 않고 그냥 묻는다.

반면에 어른들은 묻고 싶은 것이 생겨도 혹시나 '멍청한' 질문일지 모른다는 두려움에, 또는 이미 그 답을 알고 있다는 생각 때문에 스스로를 억누르는 경우가 많다. 하지만 오늘처럼 기술이 빠르게 변하는 세계에서는 아이와 같은 호기심을 갖고, 어려운 질문에 대한 답을 끊임없이 추구하고, 질문하기를 두려워하지 않는 사람만이 미래를 이끌 수 있다.

왜 우리는 '왜'라는 질문을 하지 않을까?

어느 날 다섯 살짜리 아이가 유치원 선생님에게 물었다. "아주 오랫동안 자리에 앉아 있으면 왜 다리에서 불꽃이 튀어요?" 어른들은 이런 경우 다리가 '저리다'는 표현을 쓰지만 아이의 묘사는 상상력이 풍부

할 뿐 아니라 어찌 보면 더 정확하기도 하다.

크리스 클라크 엡스타인은 그의 저서 『단순한 만남Simple Encounter』에서 질문하는 아이들로부터 우리가 얻을 수 있는 교훈에 대해 이렇게 썼다. "내 기억이 맞다면, 나의 아이들은 질문에 대한 답이 옳은가는 고사하고, 답이 무엇인지조차 신경 쓰지 않았다. 아이들은 그저 '왜?'라는 질문 자체에 사로잡혀 있었다. 그저 묻는 것이 좋아서 끝도 없이 질문을 해댔다."

크리스는 이렇게 쓰기도 했다. "서너 살 정도 된 아이들에게는 삶의 목적이 단 하나다. 바로 배움이다. 아이들이 무언가를 배울 수 있는 유일한 방법은 질문이다. 바로 그 때문에 아이들은 정답이 아니라 질문에 집중한다. 어떤 질문인지는 조금도 중요하지 않다. 어떤 질문을 하든 뭔가 새로운 배움이 제공되리라는 사실을 너무나 잘 알고 있기 때문이다."

대드매그닷컴DADMAG.com이라는 웹사이트를 운영하는 작가이자 교사 존 살로바라는 「아빠, 왜 하늘은 파래?」라는 제목의 글을 통해 아들의 끝도 없는 '왜', '어떻게', '누가' 세례에 어떻게 반응했는지에 대한 경험을 공유했다.

> 여덟 살인 내 아들은 아기들이나 할 법한 질문을 지금도 가끔씩 던지곤 한다. 정답을 알긴 하지만 정확하게는 설명하기는 어려운 질문들 말이다. 예를 들어, 아이가 가을에는 왜 나뭇잎의 색깔이 왜 변하느냐고 물으면, 우

리는 설명을 시작하다가 곧 스스로도 정확한 이유를 모른다는 사실을 깨닫는다. "음, 그러니까 그게…… 엽록소랑 관련된 건데 말이지……." 우리는 말끝을 흐린다.

그런 질문에 대해 꽤나 분명한 답을 생각해낸다고 해도, 질문 세례는 계속해서 이어지므로 우리는 결국 지식의 한계에 도달하게 된다. 예를 들어, 당신은 스스로가 '성촉절'에 대해 아주 잘 알고 있다고 생각할지 모른다. 매년 2월 2일에 돌아오는 성촉절이면 사람들은 마멋이라는 설치류의 행동을 통해 앞으로 겨울이 얼마나 이어질지를 점친다. 만약 그날 해가 반짝 떠서 마멋이 자기 그림자를 보고 놀라 구멍으로 돌아가면 앞으로 6주 동안 겨울이 이어진다고 한다. 반면 날이 흐려서 자기 그림자를 보지 못한 마멋은 밖으로 나오게 되고, 그러면 봄은 금세 찾아온다고 한다.

그런데 아이가 이런 질문들을 쏟아내는 거다. "그래서 봄이 얼마나 빨리 찾아오는데?" "그날 하루 날씨에 따라서 계절이 달라진다는 게 말이 돼?" "겨울의 길이가 펜실베이니아 주 펑스토니에서 결정된다는 건 누가 정한 거야?" "다른 지역에도 마멋은 살잖아. 그럼 거기서도 따로 점을 쳐?"

그러다 보면 어느 순간 나는 영화 <지붕 위의 바이올린Fiddler on the Roof>에서 주인공 테비에가 했던 표현을 빌려 아이에게 이렇게 대답하곤 한다. "그건 그냥 전통이야." 사람들이 가장 흔히 하는 대답인 "글쎄다"도 자주 애용한다. 하지만 우리는 부모가 아니던가? 부모는 원래 모르는 게 없어야 하는 법이다.

내 친구 치프 루츠는 손녀의 '왜' 세상이 어른들에게 얼마나 중요한지에 대해 이렇게 썼다.

손녀딸이 세상을 탐험하며 새로운 것들을 배우는 모습을 보고 있으면 나도 손녀만큼이나 신이 난다. 지금은 모든 것이 "그게 뭐야?"라는 말로 끝난다. 나는 아이들 넷을 키우며 이미 이 단계를 거쳐봤기 때문에 다음 단계가 '왜?'라는 걸 알고 있다. 앞으로 모든 새로운 것들이 '왜?'라는 질문을 만나면서 손녀는 그것들을 제대로 이해하게 될 것이고, 모든 답을 자신만의 세계관에 맞게 재구성할 것이다

'왜?'라는 물음은 그 얼마나 중요한가? 우리는 말을 하기 시작하는 그 순간부터 '왜'라는 질문을 통해 세상의 근원을 향해 나아간다. '왜'를 통해 사물의 이치를 판단하고, 이치에 맞지 않는다면 과연 무엇이 옳은가를 판단하게 된다. 하지만 어른이 되어버린 우리는 언제부터인가 더 이상 '왜'를 묻지 않고, 모든 것을 그저 있는 그대로 받아들일 뿐이다.

우리는 어째서 '왜?'라고 묻기를 그만두었을까? 나는 우리가 질문을 하지 못하도록 길들여졌다고 생각한다. 공공연하게 질문하지 말라고 통제한 사람은 없었지만, 어찌 대답해야 좋을지 모르는 질문들을 꺼려하는 주변 반응에 너무나 익숙해진 나머지 우리는 더 이상 질문하지 않는 어른이 되어버렸다.

리더로서, 그리고 어른으로서 우리는 이제 '왜?'라는 질문을 다시 받아들여야 한다. 그래야만 동료들을 자극하여 현 상황을 개선해나갈 수 있다.

'왜?'라는 질문은 두 가지 측면으로 나누어 생각해볼 수 있다.

1. 이건 왜 그런 것일까?

2. 왜 다른 방식으로 할 수는 없는 걸까?

'왜?'는 혁신의 심장이다. 미래는 현재의 상태를 잠시 제쳐놓고 '왜?'라고 묻는 이들에게 열려 있다.

"아직 멀었나?"

오늘날은 역사상 처음으로 아이들이 권위자가 되어버린 시대라고들 한다. 과거에는 아이들이 선생님에게 질문을 했다. 그러나 이제는 선생님이 아이들에게 컴퓨터와 인터넷에 대해 묻는다.

몇 년 전 나는 한 업체에 홈페이지(allenklein.com) 디자인을 맡겼다. 결과물은 훌륭했지만 작업을 마무리하려고 담당자들이 내 사무실로 찾아왔을 때 나는 무척이나 놀랐다. 업체 대표의 열네 살짜리 아들이 함께 걸어 들어왔기 때문이다. 새로 만든 홈페이지를 내 컴퓨터에 프로그래밍하기 위해 필요한 몇 가지 기술적인 요소를 제대로 아는 사람은 오로지 그 아이뿐인 것 같았다.

아이들이 컴퓨터에 대해 그렇게 잘 아는 건 아마 탐구하기를 좋아하는 천성 덕분일 것이다. 또한 아이들은 어떤 난관에 봉착하더라도 좌절하지 않는다. 아이들에게 그건 또 하나의 도전이기 때문이다. 아이들은 사물이 어떻게 작동하는지를 알고 싶어 하며, 정답을 찾을 때까지 끈질기게 매달린다. 그리고 그 과정은 수많은 질문을 통해 이루어진다. 컴퓨터든 다른 어떤 대상이든 마찬가지다. 공항에서 이런 장면을 목격한 일이 있다.

컨베이어벨트에 짐을 올리고 엑스레이 검사를 기다리고 있을 때였다. 내게는 여행을 갈 때마다 겪는 아주 일상적인 일이었으므로 평소에는 그 과정에 대해 깊게 생각해볼 일이 없었다. 하지만 그날만큼은 조금 달랐다. 내 앞에 서 있던 아이 두 명이 검사 과정에 대해 수많은 질문을 던지고 있었기 때문이다. 지금껏 한 번도 생각해본 적 없는 물음들이었다.

"이 기계는 어떻게 켜는 거예요?"

"전원 버튼은 어디에 있어요?"

"저 숫자는 왜 있는 거예요?"

"저 불빛은 왜 움직여요?"

"왜 지금은 아무것도 안 지나가요?"

"짐가방 안까지 다 보여요?"

그리고 마침내 컨베이어벨트가 멈추자, "왜 갑자기 소리가 멈췄어요?"

나는 그런 질문을 받은 대상이 내가 아니라는 데 안도했다. 아마 나였다면 제대로 대답해주지 못하고 쩔쩔맸을 테니 말이다. 하지만 그런 아이들을 보면서, 일상적인 것도 아이들에게는 아주 신기한 것이 될 수 있음을 깨달았다. 또한 우리 주변에 존재하는 것들을 그저 당연하게 받아들이는 것이 아니라 탐구정신을 갖고 바라보는 태도를 배울 수 있었다.

어딘가를 여행할 때 아이들이 흔히 묻는 질문 중 하나는 바로 이것이다. "아직 멀었어요?" 아이들이야 단순히 목적지에 언제 도착하는지가 궁금해서 묻는 질문이지만, 우리 어른들은 삶의 다양한 측면들에 대해 스스로 질문을 던지고 싶을 때 여러 모로 이 질문을 활용할 수 있다.

예를 들어, 당신의 회사가 미래의 어떤 목표를 설정한 경우 당신은 매달 "아직 멀었나?"라고 자문할 수 있다.

회사 밖에서도 마찬가지다. 예컨대 스스로 만족할 수 있는 부모가 되고 싶다면 매주 스스로에게 "아직 멀었는가?"라고 물으면 된다.

좀 더 사랑이 넘치는 사람이 되고자 하는가? 같은 질문을 던져라. "아직 멀었는가?"

'이게 뭐야?' 단계

엘리너 루스벨트(미국 32대 대통령 프랭클린 루스벨트의 아내)는, 요정이 나타나서 곧 태어날 아이에게 단 한 가지 특별한 재능을 선물해준다고 하면, 꼭 받아야 할 재능은 바로 호기심이라고 말했다고 한다. 내 생각에는 아기들을 보살피는 이 세상 모든 요정들이 그 임무를 이미 잘 수행하고 있는 것 같다. 못 믿겠다면 주변 아이들을 한번 관찰해보라. 아이들의 호기심은 한계를 모른다.

이스라엘에 있는 어느 친척집을 방문한 적이 있다. 그에게는 아주 어린 아들이 있었다. 나는 꽤 오랜 시간 동안 그 집에 머물렀는데, 아이는 나와 자신의 부모에게 끝도 없이 이런저런 물건을 들고 와서 "이게 뭐야?"라고 물었다. 곧 우리 중 한 사람이 대답해주면 아이는 그 물건을 내려놓고 다른 물건을 들고 와서는, 다시 "이게 뭐야?"라고 물었다. 그리고 그 과정이 계속해서 반복되었다. 정말이지 끝없는 질문의 행렬이었다.

내 딸 사라 역시 아주 어렸을 때는 "이게 뭐야?"를 입에 달고 살았다. 사라가 일곱 살 때의 일이다. 우리는 중식당에서 저녁식사를 하고 있었다. 종업원이 가져온 첫 번째 음식은 계란말이 비슷한 음식이었다. 하나를 꺼내어 자르자 사라는 "그 안에 뭐가 있어?"라고 물었다. 그리고 채 대답을 하기도 전에 사라는 첫 번째 질문이나 그에 대한 답과는 전혀 상관없는 또 다른 질문을 던졌다. "아빠, 레즈비언이 뭐야?"

'만약에' 단계

노린 브라만이라는 내 동료는 아이들을 키우는 엄마다. 그녀는 이 정도면 아이들이 거치는 질문의 단계들은 거의 다 지나갔겠지 하고 생각하던 바로 그때 한 아이가 던진 또 하나의 새로운 질문의 단계를 마주하게 되었다고 한다. 노린의 이야기를 들어보자.

큰아이는 숙제 하기 싫다고 떼쓰는 기색도 없이 무난하게 학교생활을 시작하고, 막내는 한참 폭군으로 군림하던 '미운 세 살' 시기를 마침내 벗어났을 무렵이었다. 나는 유치원생 정도는 이제 잘 통제할 수 있다며 자만했다. 하지만 그때 둘째 딸 안네마리가 두각을 드러내기 시작했다. 자기만의 새로운 질문의 단계, 바로 "만약에" 단계를 만들어낸 것이다.

어느 날 우리는 식당에 자리를 잡고 앉아 음식이 나오기를 한참 동안이나 기다리고 있었다. 안네마리(를 비롯하여 우리 모두)는 도대체 왜 이렇게 오래 걸리는지를 궁금해했다. 몇 가지 가능성에 대해 이야기를 나누어 보았지만 안네마리는 만족하지 못했다.

"나 너무 배고파서 토할 것 같아!" 아이는 큰 소리로 선언하듯 말했다. '쉿' 하며 손가락을 입에 갖다 댔지만 오히려 아이를 더 자극할 뿐이었다.

"만약 내가 여기서 진짜로 토하면 어떻게 될까?" 안네마리가 말을 이었다. 못 들은 척하고 대강 넘어가려고 했지만 소용없었다.

"만약 끝도 없이 계속 토하는 사람이 있다면 어떨까?"

옆 테이블에 앉은 사람들의 표정이 어두워지기 시작했다. 우리는 그만하라고 아이에게 경고했지만 안네마리에게는 식당에 있는 모든 사람이 자신의 관중이나 다름없었다.

"만약 누가 옆을 지나가다가 내 음식에 토하면 어떻게 될까? 만약 종업원이 그걸 치우려고 하는데 또 토를 하면 어떡하지?"

우리 주변 테이블에 앉은 가족들이 수저를 내려놓고 위협적으로 우리를 쳐다보기 시작했다.

"만약 누가 내 요리 위에 토를 했는데 모르고 먹어버리면 어떻게 될까?"

이 말이 끝나자 식당은 이상하리만치 고요해졌다. 간신히 용기를 내어 주변을 둘러보자 식당은 텅 비어 있었다. 큰 딸 로즈마리는 휴지로 입을 틀어막았고, 나는 주머니에서 자동차 열쇠를 찾기 시작했다. 아직 어린 막내 로이 마이클만이 아무런 영향을 받지 않은 것 같았다.

"사람들이 다 어디 갔어?" 로이는 물었다.

그 뒤로 한참 동안 나는 아이들과 함께 식당에 갈 때면 배고픈 아이들의 입을 막기 위해 꼭 간식을 챙겼다. 그러면서도 늘 안네마리의 그다음 '단계'가 무엇일지 궁금했다.

탐구정신은 독창성을 자극한다

수많은 발명품이 호기심과 질문을 통해 만들어졌다. 시행착오를 거치며 발명가들은 스스로에게 끊임없이 질문을 던진다. '만약 다른 방법으로 해보면 어떻게 될까?' '만약 다른 물질을 써보면 어떻게 될까?' '만약 여기서 발견한 사실을 다른 곳에 적용하면 어떻게 될까?'

발명가들은 바로 이런 식의 탐구 과정을 계속 이어가면서, 만족스러운 해법을 찾아낼 때까지 절대 포기하지 않고 끊임없이 질문을 던진다. 축음기와 영사기, 백열전구를 발명한 토머스 에디슨은 이렇게 말했다고 한다. "나는 단 한 번도 실패한 적이 없다. 작동하지 않는 1만 가지 방법을 찾아냈을 뿐이다."

오늘날 널리 사용되는 '벨크로', 이른바 '찍찍이'는 조지 드 메스트랄이라는 사람이 자신이 겪은 일에 대해 의문을 가지면서 만들어졌다. 그가 반려견과 함께 알프스 산맥의 어느 산을 걷고 있을 때였다. 우엉 가시가 그의 옷과 반려견의 몸에 계속 달라붙었다. 메스트랄은 왜 그런 일이 벌어지는지가 궁금했다. 현미경으로 자세히 들여다보니 우엉 가시에는 수백 개의 미세한 갈고리가 달려 있었고, 그 갈고리들이 옷과 털에 걸려 있었다. 이처럼 갈고리와 고리를 이용하여 두 부분을 고정하는 방식을 어떻게 하면 잘 이용할 수 있을지에 대해 질문을 거듭한 끝에 메스트랄은 오늘날까지도 널리 쓰이는 벨크로를 만들어낼 수 있었다.

동영상을 소비자에게 실시간으로 제공하는 온라인 동영상 스트리밍 업체 넷플릭스 역시 작은 의문으로부터 시작되었다. 그 의문이란, 어떻게 하면 특정 사업 모델을 완전히 다른 사업 분야에 성공적으로 이식할 수 있겠는가에 관한 것이었다. 넷플릭스의 설립자 중 한 명인 리드 헤이스팅스는 비디오 가게에 DVD를 늦게 갖다줄 때마다 과도한 연체료를 내야 하는 상황이 짜증스러웠다. 잔뜩 짜증이 난 채 그는 헬스장으로 향했다. 헬스장은 비디오 가게와는 달리 매달 사용료를 내면 원하는 시간에 가서 원하는 만큼 시설을 이용할 수 있었다. 그는 '헬스장의 운영방식을 영상에 도입하면 어떨까?' 하는 의문을 품게 되었고, 한 번 사용료를 내면 무제한으로 시설을 쓸 수 있는 헬스장의 운영방식을 모델 삼아 넷플릭스를 설립했다. 그 후에 벌어진 일은 모두가 알고 있는 대로, 대성공이었다.

철없는 어른 되기

내가 정말 좋아하는 라디오 방송이 있다. 테리 그로스가 진행하는 〈프레쉬 에어Fresh Air〉'라는 프로그램이다. 텔레비전 방송 중에는 제임스 립턴이 진행하는 〈인사이드 액터 스튜디오Inside the Actors Studio〉라는 토크쇼를 좋아한다. 두 프로그램이 특히 흥미로운 이유는 출연자들의 삶의 모든 측면에 대해 호기심을 가지고 심도 있는 질문을 던지기 때문이다. 청취자와 시청자는 그 질문을 통해 출연자들을 더 잘 이해할 수 있게 된다.

당신도 살아가면서 마주하는 무언가를 더 잘 이해하고 싶다면, 세상에 멍청한 질문이란 없다는 사실을 기억하라. 아이처럼 탐구하라. '누가, 무엇을, 언제, 어디서, 왜'라는 질문과 친구가 되고, 언제든 망설이지 말고 그들을 불러내라.

06 공상

여왕이 말했다. "너, 연습이 부족하구나. ……
나는 아침을 먹기도 전에 불가능한 일들을 여섯 가지나 믿었어."

_루이스 캐럴

아이들은 공상이 자신을 어디든 데려가줄 수 있다는 걸 잘 안다. 아이들은 밤이든 낮이든 아무도 본 적 없는 새로운 세상으로 여행을 떠난다. 어른들 역시 공상이나 상상 등 마음의 활동을 통해 문제를 해결하고 결과를 구체화할 수 있다. 정신은 믿기 힘들 정도로 강력한 도구이다.

상상놀이

몇 년 전 미국 호텔 및 모텔 연합회는 '미래의 멋진 호텔 상상하기' 대회를 개최했다. 미래 호텔에 대한 혁신적인 아이디어를 얻기 위해서였다. 어떤 아이들은 로켓이나 커다란 타조 모양 엘리베이터를 떠올렸다. 벽마다 커다란 텔레비전과 콜라 음수대가 있는 호텔을 상상한 아이도 있었다. 상상력이 풍부한 또 다른 아이는 고객의 취향에 따라 변화를 줄 수 있도록 텅 빈 방을 남겨두자고 제안했다. "방문을 열면 옷장 말고는 아무것도 없어요. 그 옷장에는 수많은 버튼이 있고요. 고객이 그 중 하나를 골라 누르면 방은 원하는 모습으로 꾸며지기 시작해요. 아프리카 같은 방을 원하는 손님은 아프리카 버튼을 누르면 되죠. 그러면 펑! 하고 당신의 방이 곧 아프리카로 변하는 거예요."

아이들의 비현실적인 아이디어가 현실에 적용되기는 어려웠을지 모른다. 하지만 호텔 설계자들이 마음껏 상상력을 펼치기 위한 좋은 출발점이 되어주었을 것이다.

어른들은 환상이나 공상을 시간 낭비라며 못마땅해 하지만, 상상의 나래를 펴다 보면 침체되어 있던 창의력을 다시금 되살릴 수 있다. 많은 창의적인 사람들은 이미 그걸 알고 있었다. 인력비행기의 발명가이자 설계자인 폴 맥크레디 역시 공상하기를 굉장히 좋아했다. 그는 자신의 위대한 아이디어가 모두 공상으로부터 비롯되었다고 말했다. 그리고 이런 공상을 위해서는 일상의 모든 것으로부터 자유로워지는 시간이 꼭 필요하다고 덧붙였다. 긴장을 풀고 의자에 앉아 마음이 그저 자유롭게 흘러 다니도록 내버려두라고, 그는 조언한다.

하지만 오늘날 우리는 인터넷과 휴대전화, 문자 메시지 같은 것들 때문에 신경이 분산되어 공상할 기회를 좀처럼 갖기가 어렵다.

앨런 그래저먼에 따르면, "어린아이들에게는 모든 것이 가능하다. 아이들 눈에는 개 한 마리나 나뭇잎 한 장, 눈송이 하나까지도 온갖 가능성으로 가득하다. 하지만 어른인 우리는 모든 것에 기껏해야 한 가지 목적만이 있다고 생각한다." 어른들에게도 아이와 같은 상상놀이가 필요하다. 그러나 창의력 개발을 위한 이 훌륭한 도구는 우리가 자라면서 조금씩 자취를 감추고 만다. 학교와 사회 모두에서 창의력보다는 획일성을 더 중요하게 여기기 때문이다.

창의력에 관한 유명한 일화가 하나 있다. 어느 고등학교 교사가 칠판에 점 하나를 그린 뒤 십대 아이들에게 그게 무엇이냐고 물었다고 한다. 대부분의 아이들은 아무 반응이 없었다. 몇몇이 '칠판 위에 분필로 찍은 점'이라고 대답했을 뿐이다. 하지만 유치원 아이들에게 똑같은 질문을 던지면 반응은 달라진다. 아마 다양한 대답들이 넘쳐날 것이다. "우주를 떠다니는 우주선이요." "찌부러진 벌레요." "밤하늘의 별이요." "엠파이어스테이트 빌딩 꼭대기에서 내려다본 개요." "창문에 붙은 파리요."

아이들은 자기 생각에 한계를 부여하지 않기 때문에 재기 발랄한 여러 가지 생각들을 마음껏 떠올린다. 반면 어른들은 온갖 가능성에 대해 한계를 설정해버리는 경우가 많다. 어떤 것이든 세상을 바라보는 자신의 관점과 맞아떨어지지 않으면 어른들은 그것을 거부한다. "그래, 좋은 생각이긴 '하지만' 그건 비용이 너무 많이 들잖아." "그렇긴 '하지만' 한 번도 그렇게 해본 적이 없는걸."

아이들과 마찬가지로 과학자들도 생각에 한계를 두지 않는다. 한계에 사로잡힌 과학자라면 그 어떤 새로움도 발견할 수 없을 것이다. 지금껏 한 번도 발견된 적 없는 새로운 것을 찾아내고자 한다면 과학자들은 모든 아이디어에 대해 열린 자세를 가져야 한다. 처음에는 완전히 미친 소리처럼 들려도 상관없다. 오늘날의 기술로는 도저히 만들어낼 수 없는 물건이라도, 미래에는 그 물건이 없이는 도저히 살 수 없는 세상이 올 수도 있다는 사실을 과학자와 발명가들은 잘 알고 있다.

한계 없는 상상력으로 아이들은 미래에 대한 상상에 생명력을 불어넣는다. 오늘날의 기술이 가진 한계를 뛰어넘고 끝없는 가능성을 제시한다. 종이상자나 버려진 의자 몇 개만으로도 아이들은 근사한 우주선을 만들어 우주여행을 떠난다. 그리고 행성들 사이를 요리조리 지나서 지구를 향해 돌진하는 거대한 소행성을 막아낸다.

흉내놀이를 하자

반려견을 데리고 산책을 할 때마다 나는 동네 어린이집을 지나친다. 아침 여덟 시쯤 되면 부모들은 아이들을 어린이집에 데려다주느라 분주하다. 그런데 어린이집으로 곧장 걸어 들어가지 않는 아이들이 자주 눈에 띈다. 아이들은 어린이집 현관문으로 향하는 그 짧은 거리를 가는 동안에도 제자리에서 콩콩 뛰다가, 다시 뒤로 돌아왔다가, 깡충깡충 뛰어서 들어간다.

핼러윈데이는 내가 1년 중 아이들로부터 가장 큰 기쁨을 느끼는 날이다. 거의 모든 아이들이 분장을 하기 때문이다. 분장한 아이들을 구경하는 것이 특히 즐거운 이유는 아이들이 자기가 마치 분장한 그 인물이라도 된 것처럼 행동하기 때문이다. 공주 드레스를 입은 소녀는 사뿐사뿐 걸으며 우아한 몸짓으로 손을 내민다. 스파이더맨 옷을 입은 소년은 있는 힘을 다해서 위아래로 풀쩍풀쩍 뛰어오른다. 발레리나 의

상을 입은 또 다른 아이는 목을 꼿꼿이 세우고 부드럽게 팔자걸음으로 걸어간다.

분장한 대상으로 변하는 아이들의 모습을 보면서, 만약 어른들이 아이들처럼 쉽게 다른 사람으로 변할 수 있다면 어떨지 생각해보았다. 평소 마음에 들지 않던 사람이나 매번 짜증나게 만드는 사람의 입장에서 모든 것을 생각해본다면 어떨까. 물론 그 사람의 옷을 진짜로 입어볼 필요는 없다. 그저 그 사람이 어떤 기분일지, 어떤 일을 겪고 있을지를 상상해보면 된다. 만약 어른들이 이런 '생각 흉내놀이'를 할 수만 있다면 우리가 마주하는 수많은 갈등상황이 지금과는 크게 달라지지 않을까?

장애물 극복하기

시인 프랜시스 톰프슨이 말했듯이 아이들은 "호박을 마차로, 생쥐를 말로, 미천함을 고귀함으로, 무의미한 것을 소중한 것으로 바꿀 수 있다." 아이들의 한계 없는 상상력은 우리에게 어떻게 장애물을 극복해야 하는가에 대해서도 가르침을 준다. 아이들은 창의력으로 정신을 무장한 덕분에 안 좋은 경험도 좋은 것으로 바꾸어낼 수 있다.

어떤 어린아이는 비행기를 타고 가던 중 강한 난기류에 비행기가 심하게 흔들리자 곧바로 이 기술을 발휘했다고 한다. 저기압을 만난 비행기가 갑자기 급강하를 시작하자 다섯 살인 그 아이는 쓰고 있던 모자를 벗어 들더니 큰 소리로 카우보이처럼 소리쳤다. "이- 하!"

어른들은 일부러 돈을 주고 롤러코스터를 타며 즐거운 비명을 질러대면서도 정작 비행기가 난기류를 만났을 때는 두려움에 온몸이 뻣뻣하게 굳는다. 이런 모습을 마주하면 나는 늘 웃음이 나온다. 물론 아이들은 비행기가 사고를 당할 수도 있다는 사실을 모른다. 하지만 무서워한들 변하는 것은 아무것도 없지 않은가? 만약 다음번 비행기 여행에서 난기류를 만난다면 뭔가 나쁜 일이 벌어지리라고 생각하는 대신 지금 롤러코스터를 타고 있다고 상상해보라.

원래는 나도 비행기를 탈 때마다 두려움에 벌벌 떠는 사람이었다. 긴장을 풀기 위해 음료수라도 마셔야 했다. 당시 나는 기조연설이나 워크숍 참여를 위해 비행기를 탈 일이 많았는데 난기류에 휘말리는 경우가 종종 있었다. 그럴 때마다 술에 의존하고 싶지는 않았으므로 나는 마음을 진정시키기 위해 스트레스를 완화해주는 몇 가지 기술을 익혔다. 그 중 한 가지가 바로 이것, 롤러코스터를 타고 있다고 상상하기였다. 많은 경우 정말 도움이 되었다.

어린 시절 내 어머니는 나에게 밥을 조금이라도 더 먹이려고 창의적인 상상놀이를 자주 활용하셨다. 내가 유아용 식탁의자에 앉아 있으면 어머니는 음식을 한 숟가락 가득 뜨고 높이 들어 올린 뒤 이렇게 말씀하시곤 했다. "열려라 참깨! 아빠 자동차가 차고로 들어갑니다!" "열려라 참깨! 이제 비행기가 착륙합니다! 슝!" 물론 당시 내가 어떤 생각을 하고 있었는지는 전혀 기억나지 않는다. 하지만 아마도 나는 어머니의 말 덕분에 그 시간을, 내가 그렇게도 싫어하던 식사시간을 일종의 놀이시간이라고 생각했던 것 같다. 그리고 내가 접시 위의 모든 음식을 다 먹고 나면 어머니는 '싹싹 긁어먹기 협회'에서 상을 줘야겠다며 나를 치켜세우곤 하셨다.

상상으로 극복하기

놀이의 힘에 대해서는 뒤에서 더 이야기할 생각이다. 대부분은 몸으로 하는 놀이에 대해서이다. 아이들은 어린 시절 내내 몸으로 하는 놀이를 즐긴다. 그런데 아이들의 놀이로서 어른들에게 위대한 자산이 될 수 있는 놀이가 있다. 바로 상상놀이다. 상상놀이를 통해 아이들은 짜증나는 상황을 즐거운 것으로 탈바꿈시킨다.

비영리단체에서 일하는 내 친구 다이앤 마셜은 직장에서 상상놀이가 얼마나 큰 힘을 발휘하는지를 우연히 깨달았다고 한다. "몇 주 전 우리 자금원 중 한 곳에 제출할 예산안을 작성해야 했어. 정말 미치는 줄 알았지. 엄청나게 세세한 조건들을 요구하면서 돈은 조금밖에 안 주는 곳이었거든. 나는 요구받은 정보를 모으다가 문득 내가 고릴라라고 상상하기 시작했어. 그런데 상상 속의 그 모습이 너무 웃겨서 하루 종일 기분이 좋더라. 고릴라 다이앤이 손에 서류가방을 들고 관료들을 만나러 가는 모습. 고릴라 다이앤이 직원들의 봉급을 올려주기 위해 협상하는 모습. 노인복지법이 노인들의 기부율에 얼마나 영향을 미치는가에 대해 설명하는 고릴라 다이앤의 모습까지 말이야."

물론 다이앤이 정말로 고릴라 옷을 입고 회의에 참석한 건 아니었다. 그러나 다이앤은 이렇게 덧붙였다. "고릴라를 상상하는 것만으로도 좌절감이 줄어들었어. 덕분에 나중에 후회할 일을 만들지 않고 적절하게 행동할 수 있었지."

당신이 하루 종일 사람들을 상대해야 하는 직업을 가졌다고 상상해 보라. 갑자기 화가 잔뜩 난 사람이 나타나서 당신에게 소리를 질러대기 시작했다. 이때 미쳐 날뛰며 소리를 지르는 그 사람에게 완전히 사로잡히지 않고, 당신만의 관점을 유지하기 위한 한 가지 방법은 그 상황을 정신적으로 가지고 노는 것이다. 예를 들어, 보호관찰소에서 접수원으로 일하며 실제로 비슷한 상황을 많이 겪는다는 나의 지인은 그때마다 사람들을 동물로 상상했다고 한다. "마치 회색곰처럼 으르렁대며 다가오는 사람들이 있으면 저는 그들이 곰인형이라고 생각하고 살살 달랜답니다."

연기자가 되어라

아이들과 마찬가지로 배우는 늘 상상력을 발휘하여 연기를 한다. 그렇게 함으로써 관객에게 감동을 주어 눈물을 흘리게 하고, 정신없이 웃게 만들며, 때로는 두려움에 떨게 하기도 한다. 그러나 그건 모두 가공의 이야기이다. 그저 연기일 뿐이다. 배우는 먼저 머릿속에서 특정한 인물을 창조해낸 다음 그 인물의 특징을 행동에 녹여낸다.

배우는 이런 일을 어떻게 해내는 걸까? 샌프란시스코 극장에서 예술감독으로 일하는 빌 잉글리쉬는 이렇게 말한다. "몇 년 전 <아비가일의 파티>라는 연극공연을 연출했었지요. 공연이 끝나고 로비에 서 있다 보면 앤절라 역을 맡은 앨리슨 화이트가 관객들과 이야기 나누는 모습을 종종 볼 수 있었어요. 그런데 관객들은 앨리슨에게 '오늘 연극 어떻게 보셨어요?'라고 묻곤 했답니다. 그러면 앤젤라와 나는 서로를 바라보며 웃었고, 앨리슨이 사실은 극 중 배우라는 사실을 말해주었어요. 그러면 관객들은 어떻게 '앤절라'를 못 알아볼 수 있는지 신기해하곤 했어요."

잉글리쉬는 말을 이었다. "배우들은 어떻게 우리를 그리 잘 속일 수 있는 걸까요? 어떻게 순식간에 완전히 다른 사람으로 변해버리는 걸까요? 마법일까요? 아니면 기술? 그게 무엇인지에 대한 설명은 저마다 다양할 겁니다. 하지만 자신이 줄리엣이라고, 또는 메데아나 앤절라라고 관객들을 완전히 설득해버리는 장본인 역시 실제로는 평범한 삶을 살고 있을 뿐입니다. 배우들도 두 아이를 키우는 엄마일 수 있고, 생계를 위해서 낮에는 식당 아르바이트를 하고 있을지도 모르죠."

코미디 배우 버트 라르의 아들이자 《뉴요커》지의 연극평론가인 존

라르는 자신의 아버지가 무대 밖에서는 무뚝뚝한 분이었지만 무대에만 올라가면 완전히 다른 사람이 되었다고 말한다. 마치 마법처럼, 무대에만 서면 그는 무대를 밝히고 관객들을 웃기는 천상 배우로 변신했다. 배우들은 늘 이런 일을 한다. 기분이 안 좋을 때에도 좋은 척을 하고, 전혀 화가 나지 않았는데도 화가 난 척 연기를 한다. 그들은 자기 자신을 다른 누군가라고 상상한다. 그리고 우리도 그것을 믿는다.

혹시라도 후에 당신이 아주 끔찍한 날을 맞게 된다면, 마치 아이처럼, 아니면 배우처럼 아주 기분 좋은 날을 보내고 있다고 연기를 해보면 어떨까?

그저 상상하라

상담가이자 작가인 테스 화이트허스트는 저서 『행복의 기술』에서 이렇게 말했다. "우리가 어린아이였을 때는 상상이 삶 그 자체였다. 상상은 '단순한' 상상이 아니라, 바로 우리의 세상이었다! 이제 어른이 된 우리는, 신선하고도 유용한 지적 사고를 계속하기 위해서, 그리고 삶을 최대한으로 즐기기 위해서 어린 시절의 상상력이 다시 날개를 펼 수 있도록 의식적으로 노력해야 한다."

자칫하면 두렵게 느껴질 수 있는 세상이지만, 자유분방한 상상력 덕분에 아이들은 초능력이나 강력한 힘을 갖게 되기도 한다. 상상 속에서라면 아이들도 어른들과 똑같은 일들을 모두 해낼 수 있다. 나는 『웃을 수 있는 용기』라는 책에서 중병을 앓고 있는 한 남자의 이야기를 언급한 적이 있다. 그는 상상력과 환상을 이용하여 길고 지루하고 고통스러운 치료과정을 이겨냈다. 예를 들어, 검사대에 누울 때마다 그는 마치 정교한 비디오 게임을 하듯이 천장으로 날아가서 모든 시술과정을 내려다보는 상상을 했다고 한다.

캘리포니아주의 소살리토에 있는 마음치료센터the Center for Attitudinal Healing에는 심각한 질병 때문에 삶이 송두리째 변해버린 아이들이 찾아온다. 그곳의 아이들 역시 비슷한 방법으로 아픔을 이겨내곤 했다. 아이들은 자신의 병에 집중하기보다는 비슷한 상황에 있는 다른 사람들에게 고통을 어떻게 다루어야 하는지를 조언했다. 폭풍을 몰고 오는 먹구름보다는 무지개에 집중했다. 아이들은 자기 밖에서 벌어지는 일에 집중하기보다는 마음으로 미소 지으며 내면이 행복해지는 법을 배우기로 결심했고, 그로써 자신의 정신을 스스로 지배하게 되었다. 이런 아이들의 모습을 보며 우리 모두는 감동적인 메시지를 얻을 수 있다.

뭐라고 부르든 그 이름은 중요치 않다. 공상이라고 부를 수도 있고, 시각화, 상상놀이, 상상력 펼치기 등 그 어떤 이름으로도 부를 수 있다. 정말 중요한 건, 원하는 것은 그 무엇이든 실현할 수 있도록 자신의 상상력을 장악하는 것이다.

미술치료사 리사 미첼은 자신의 웹사이트 이너캔버스닷컴innercanvas.com에서 공상의 힘에 대해 이렇게 썼다.

> 아마 여러분도 어떤 단어가 도통 떠오르지 않아서 마치 혀끝에 걸려 있는 듯한 느낌을 받은 적이 있을 것이다. 떠올리려고 노력하면 할수록 좌절감만 커질 뿐이다.
> 그런 식으로 열심히 생각하는 행위를 '단단한hard' 사고라고 한다. 하지만 단단한 사고는 머리만 아플 뿐 단어를 떠올리는 데는 별 도움이 되지 않는다. 그런데 두뇌의 긴장을 풀고 열심히 생각하기를 그만두면 어느 순간 문득 그 단어가 떠오르곤 한다. 마침내 단어가 떠올랐을 때의 그 안도감이란! 이렇게 긴장을 풀고 덜 집중하는 사고법을 '부드러운soft' 사고라고 부른다. 공상에 잠기는 것과 비슷하다. …… 공상을 해보라. 정신에게 쉬는 시간을 주고 그저 마음대로 흘러가도록 놔두어라. 우리에게는 '멍 때리는' 시간이 필요하다. 얼마간의 공상이 끝나면 다시 아이디어를 떠올려보라. 아마 기분 좋게 성공할 것이다.

07 탐험

진정한 탐험이란 새로운 풍경을 찾는 것이 아니라
새로운 시각을 갖는 것이다.

_마르셀 프루스트

의학자이자 문필가였던 올리버 웬델 홈스는 원래 아티초크(국화과 다년초로 유럽에서 널리 먹는 식용식물)를 무척 싫어했지만 아티초크 이파리를 속치마라고 생각하기 시작하면서부터는 그런 마음이 사라졌다고 고백한다. 이처럼 아무리 우리를 짜증나게 하는 것이라도 관점을 바꾸면 생각도 바뀔 수 있다. 살면서 겪는 여러 고난과 시련을 문제 상황으로 받아들일 수도 있지만, 아이들처럼 하나의 모험이라고 생각할 수도 있다. 이 장에서는 아이들이 어떻게 고난을 받아들이는지에 대해 살펴보려 한다.

아이들에게 삶은 모험이다. 내가 아는 한 여성의 이야기를 들어보자. 그녀는 한 가지 문제를 해결하면 꼬리를 물고 또 다른 문제가 들이닥쳐서 힘겨워 하고 있었다. 더 이상 나빠질 수는 없을 거라고 생각하던 바로 그때 집 지하실에 있는 온수기가 터져버렸다. 큰 피해는 없었지만 지하실은 완전히 엉망이 되었고 온수기도 새로 사야 했다. 지하실을 청소하느라 안간힘을 쓰기 시작했을 때쯤 갑자기 아들이 계단을 뛰어 내려오며 소리쳤다. "오예! 신난다! 이번에는 또 어떤 모험이 펼쳐진 거예요, 엄마?"

위의 마르셀 프루스트의 명언으로부터 우리는, 아이와 같은 순수한 눈이 있으면 세상을 바라보는 새로운 관점을 발견할 수 있다는 사실을 깨닫는다. 아이들에게 세상은 신나는 경험이 끊임없이 이어지는 곳이다. 원치 않게 찾아온 여러 가지 문제 역시 모험이나 다름없다.

모든 것이 모험이다

언젠가 나의 지인이 중서부 지역으로 이사를 한 직후에 겪은 일이다. 천둥번개를 동반한 사나운 폭풍이 몰아치는데 아홉 살인 딸이 번개와 천둥 사이에 몇 초의 간격이 있는지를 세기 시작했다. "폭풍이 더 가까워질수록 아이들은 점점 더 두려워하는 것 같았어요. 그리고 네 살짜리 둘째는 '그냥 브루클린에서 계속 살걸 그랬어!'라고 불쑥 내뱉기도 했죠."

번쩍이는 번개와 하늘이 쩍 갈라지는 듯한 천둥소리에 아이들은 점점 더 불안해했다. 어느 순간 아이들은 훌쩍이며 "아빠는 언제 와요?"라고 물었다.

그때 정전으로 꺼졌던 불이 갑자기 다시 켜지더니 잠시 후 아빠가 문을 열고 걸어 들어왔다. 아이들은 아빠 품으로 달려들었고, 큰아이가 황급히 말했다. "아빠! 부엌에 비가 오고 있어요. 벌레들이 사방에 기어 다니고 전깃불도 나갔어요. 꼭 캠핑하러 온 것 같아요!"

내 가까운 친구 패디 셀윈은 남편과 열한 살, 여덟 살인 두 아들과 함께 이탈리아 시칠리아 섬을 여행하던 중 잊을 수 없는 경험을 했다고 한다. 여행 도중 겪은 실망스러운 상황이 여행 최고의 모험으로 변하게 된 순간이었다.

시칠리아 섬 주변의 작은 섬을 둘러보기로 한 날이었다. 그런데 폭우와 강풍, 거센 파도 때문에 섬으로 들어가는 여객선이 취소되고 말았다. 이제 어디로 가야 할지, 심지어 그날 밤 어디서 잠을 자야 할지도 모르는 채 패디의 가족은 렌터카에 올랐다. 목적지도 없이 섬 주변을 달리다 보니 '파티'라는 이름의 작고 아름다운 마을이 보였다. 두 아이 모두 머리를 잘라야 했으므로 패디의 가족은 오래되어 보이는 이발소 앞에 차를 세웠다. 전혀 예상치 못한 이 경험이 얼마나 큰 즐거움을 가져다줄지 그때는 미처 알지 못했다.

"이발사 두 명이 한 시간 반 동안 아이들 머리 위에서 호들갑을 떨더라고요. 머리카락을 화장수로 범벅을 해놓고 마치 한 올 한 올을 세기라도 하는 듯이 심혈을 기울여가며 머리를 자르는 거예요. 그런 이발사들을 보며 아이들은 내내 키득거렸어요. 저는 그런 아이들의 모습을 사진으로 남겼고요. 비 내리는 날 낯선 곳에서 한 이발이 여행 중 했던 다른 어떤 경험보다도 가장 즐거운 기억으로 남은 거죠."

아이들은 어디에 있든 놀라울 정도로 모험심이 넘친다. 폭풍우가 몰아치는 날 주방에 숨어 있는 것도, 낯선 나라에서 하는 이발도 아이들에게는 모험이 된다. 여럿이 모여 있을 때는 기차 좌석 찾기가 하나의 놀이이자 모험이 되기도 한다. 예를 들어, 술래가 "거꾸로!"라고 외치면 나머지 아이들은 모두 역방향으로 뒤집어져 있는 좌석을 차지하려고 달려간다. 그리고 "창가!"라고 외치면 아이들은 창가 좌석을 차지하려고 재빨리 뛰어간다. 미처 좌석을 차지하지 못한 사람이 다음 술래가 된다. 심지어 기차가 터널을 지나느라 아무것도 보이지 않고 컴컴해지면 그곳은 더욱 신나는 놀이터가 된다.

모험가가 되어라

앨런 그레저먼은 이렇게 썼다. "아이였을 때는 우리도 물웅덩이란 물웅덩이를 모두 찾아다녔다. 어른이 된 우리는 모든 물웅덩이를 피해 다닌다." 물웅덩이를 발견한 아이들의 반응은 어른들과는 천지차이다. 아이들은 물웅덩이를 즐거운 놀이의 기회이자 자그마한 모험이라고 여긴다. 반면 어른들에게 물웅덩이는 그저 짜증스럽고 피해야 할 대상에 불과하다. 아이들이 경험하는 물웅덩이란 과연 어떤 것일까? 그레저먼의 설명을 통해 살펴보자.

> 그저 물웅덩이에 뛰어드는 것만으로는 큰 재미를 느낄 수 없었다. 자연의 신비 그 자체인 물웅덩이의 황홀함을 완전히 느껴야만 했다. 우리는 아래를 내려다보며 물이 우리 신발을 완전히 뒤덮을 수 있도록 발을 이리저리 움직여보았다. 웅덩이가 얼마나 깊은지를 더 잘 알아보려고 발을 조금씩 꼼지락거리기도 했다. 그러고는 제자리에서 살짝 뛰어보았다. 다음으로는

조금 더 세게 뛰었다. 그다음에는 위아래로, 좌우로 움직여가며 빠르게 여러 번을 뛰었다. 그런 다음 우리는 치마나 바지, 양말, 스타킹, 발과 다리가 더럽고 질척이는 물로 완전히 뒤범벅된 모습을 경이로운 눈빛으로 바라보았다.

다음으로 그레저먼은 물웅덩이에 대한 어른들의 반응을 이렇게 묘사한다.

어른들은 대부분 물웅덩이를 피하기 위해 돌아갔다. 그들은 물웅덩이 속에 무엇이 들어 있는지, 물방울을 얼마나 세게 튀길 수 있는지를 조금도 궁금해하지 않는다. 물웅덩이는 오늘 하루를 망쳐놓을 수도 있는 방해물이자 예상치 못하게 세탁물을 늘려놓을 수 있는 위험에 불과하다. 어른들은 실수로 물웅덩이를 밟았을 때 옷에 가해지는 충격을 덜기 위해 갖가지 기능성 옷을 발명했다. 우비나 장화, 방수신발 등이 바로 그것이다. 그러나 아이들의 눈에는 그런 옷들을 입는 어른들이 이상해 보일 수도 있다. 그렇게 멋진 경험을 말도 안 되는 옷가지들로 망쳐버리려 하다니, 도무지 이해할 수가 없는 것이다.

언론인 조셀린 켈리 역시 어른들이 대부분 진흙탕을 피하려고만 한다고 말한다. "어른이 된 우리는 모르는 것을 두려워합니다. 익숙한 환경에 안락하고 안전하게 머무르기를 원하며 모험을 즐기지 않지요. 하지만 모험은 우리에게 큰 기쁨을 주며, 게으른 영혼을 깨워줍니다."

마지막으로 작가이자 국제공인 라이프 코치Master Certified Coach인 셰리 카터 스콧은 삶을 되돌아보았을 때 우리가 무엇을 느끼게 될 것인가를 생각하라고 말한다. 셰리의 대학동기 중 한 사람은 늘 이런 말을 했다고 한다. "후회는 하지 않은 일로부터 찾아오는 법이다." 나중에 후회로 가득한 삶을 돌아보지 않기 위해서는 삶을 감동적인 모험과 마법 같은 순간들로 채워야 한다.

당신은 인생을 되돌아보았을 때 무엇을 보고 싶은가? 만약 미래의 내가 지금의 나를 보며 후회할 거라고 느낀다면, 지금 당장 삶의 방식을 바꾸어야 한다. 지금이 바로 아이들처럼 스스로를 위해 마법 같은 모험을 만들어가야 할 순간인지도 모른다.

새로운 것을 시도하라

누군가 산에 사는 사람에게 물었다. "혹시 자주 길을 잃지는 않나요?" 그러자 그는 이렇게 대답했다. "아니오. 나는 길을 잃은 적이 없습니다. 가끔씩 가려고 했던 곳에 도착하는 방법을 몰라서 몇 달씩 찾아다닌 적은 있지만요."

아이들은 마치 산사람과 같다. 아이들은 자신이 어디로 가고 있는지를 정확히 몰라서 궁금해하기도 하지만, 크게 개의치는 않는다. 아이들에게는 그 모든 것이 새롭고 모든 것이 모험이다.

방랑자 매튜 카르스텐은 아이들이나 산사람처럼 모험을 즐긴다. 그는 소유했던 물건을 거의 다 팔고 5년 넘게 전 세계를 여행하고 있다. 그는, 틀에 박힌 삶에서 벗어나서 더 많은 모험을 찾고 싶다면 당신을 불편하게 만드는 일에 도전해보라고 말한다. 불편한 일을 많이 하면 할수록 걱정은 점점 줄어들 것이다. 만약 오래 걷기를 즐기지 않는다면, 도보여행에 한번 도전해보라. 낯선 사람에게 말 걸기가 어색하다면, 마주치는 모든 사람에게 말을 걸어보라. 색다른 음식을 꺼리는 사람이라면 지금 구할 수 있는 가장 특이한 음식을 먹어보라.

언젠가 막 6개월을 넘긴 아기를 잠시 돌본 적이 있다. 아기는 특이한 음식을 먹고 있지는 않았지만, 수많은 이상한 것들을 입에 넣고 씹어댔다. 나와 함께 있던 그 짧은 시간 동안 아기는 비닐로 된 이름표와 자기 신발, 아빠 양복의 옷깃을 비롯해 온갖 다양한 물건들을 빨며 즐거워했다.

그렇다고 당신에게 괴이한 음식을 걸신들린 듯이 먹거나, 모든 재산을 팔고 여행을 떠나라고 말하려는 건 아니다. 최소한 당신의 삶을 더 재미있고 더 새로운 것으로 만들기 위해 작은 노력들을 기울이라는 것이다.

다양한 상품을 할인판매하는 그루폰Groupon(세계적으로 널리 이용되는 소셜커머스 마켓)을 이용해본 적이 있는가? 그루폰에서는 물건 외에도 식당 이용권을 비롯한 다양한 이용권을 판매한다. 요즘도 나는 그루폰을 통해 특별한 경험을 하게 해주는 이용권을 구매하곤 한다. 이런 이용권을 이용하면 일상에서 벗어난 활동이나 모험, 지금껏 한 번도 해보지 못했던 활동을 경험해볼 수 있다. 그 중에는 '초콜릿 만들기 강습'처럼 위험도가 낮은 활동도 있고 스카이다이빙처럼 위험도가 높은 활동도 있다. 그 모든 것을 직접 해볼 수는 없겠지만 소셜커머스 마켓에서 제안하는 활동의 목록들을 그냥 쭉 한번 훑어보는 것만으로도 이 세상에 얼마나 많은 모험의 기회가 있는지를 엿볼 수 있다. 소셜커머스 마켓에서 제공하는 모험에는 활쏘기, 비행교습, 유리공예, 실내암벽등반, 카약 타기, 패들보드 타기, 칵테일 만들기, 도자기 강습, 수상비행기 타기 등 정말 다양한 것들이 있다.

특히 수상비행기에 대해서라면 나에게도 특별한 기억이 있다. 내 딸이 열 살 때, 딸아이의 엄마, 그러니까 내 아내가 세상을 떠났다. 아내가 불치병에 걸렸다는 사실을 알게 된 이후 3년 동안은 딸과 나 모두에게 엄청나게 고된 시간이었다. 아내가 죽은 뒤에야 나는 딸과 나에게 지난 삶에서 잠시 동안이라도 벗어날 시간이 필요하다는 사실을 깨달았다. 우리에게는 모험이 필요했다. 그래서 나는 알래스카 인사이드 패시지Inside Passage(미국 알래스카 남동쪽 해상로)를 지나는 여객선을 예약했다. 대단한 모험의 시간이었다. 그곳에서 우리는 수상비행기와 급류 래프팅을 비롯하여 신나는 경험을 많이 했고, 거대한 빙하 옆에서 얼음덩어리들과 함께 하룻밤을 보내기도 했다.

여행을 떠난 건 갑작스럽고 충동적인 결정이었지만 돌아보면 굉장히 현명한 선택이었던 것 같다. 그 과정에서 딸과 나는 아내를 잃어버린 슬픔을 잊을 수 있었고, 우리 둘 사이의 관계를 더욱 돈독히 할 수 있었다. 덕분에 딸과 나는 이제 아내의 죽음에 대해 거리낌 없이 이야기를 나눌 수 있고, 서로 감정을 숨기거나 각자 느끼는 슬픔에 대해 대화를 피하지 않을 수 있게 되었다. 우리는 이제 함께 웃기도 하고 함께 울기도 한다.

딸과 나는 아직도 종종 아내의 죽음에 대해 이야기를 나눈다. 그리고 도무지 어떻게 해야 좋을지 모르는 상황이 벌어질 때면 서로를 바라보며 이렇게 묻는다. "엄마라면 어떻게 했을까?" 그리고 그 답에 따라 일을 해결한다. 우리는 마치 그녀가 아직 살아있기라도 한 듯이, 아직도 우리 삶의 일부이기라도 하다는 듯이 자주 아내 또는 엄마에 대한 이야기를 나눈다. 어떻게 보면 그녀는 정말로 우리 삶 속에 살아있다. 시간이 흐를수록 그 빈도는 줄어들지만 우리는 여전히 그녀에 대한 대화를 계속 이어가고 있다.

철없는 어른 되기

『다시 뇌를 뛰게 하라Jump Start Your Brain』의 저자 더그 홀은 말한다. "우리는 아이들에게 적극적으로 새로운 경험을 하라고 부추긴다. 아이들을 위해 댄스 강습이나 수영 강습, 축구 교실을 등록한다. 하지만 그저 바쁠 뿐 우리 스스로 새로운 경험을 하지는 않는다. 어른이 된 우리는 예측 가능하고 제한적인 삶만을 살아간다."

여기, 지루하고 틀에 박힌 삶으로부터 벗어나 모험으로 가득한 삶을 살아가기 위한 다섯 가지 아이디어가 있다. 더그 홀의 제안을 일부 변형하여 차용했다.

- 베스트셀러 목록에서 1위를 한 책을 읽어라. 분야는 상관없다.
- 가장 잘 팔리는 음반을 사서 틀어 놓고, 빗을 마이크 삼아 노래를 따라 불러라.
- 인터넷으로 동네 식당 목록을 검색해보라. 목록에서 열 번째로 적힌 식당에 무작정 찾아가서 저녁식사를 하라.
- 도서관에 가서 아무 요리책이나 골라보라. 내키는 대로 아무 쪽이나 펼쳐서 나오는 요리법에 따라 요리를 해보라. 함께 먹을 사람을 초대하라.
- 현재 가장 많은 관객을 동원하고 있는 영화를 찾아라. 그리고 가서 즐겁게 관람하라.

08 용서

실수하는 것은 인간이고, 용서하는 것은 신이다.

_알렉산더 포프, 『비평론』 중에서

이 장은 이 책에서 가장 짧지만 아마도 가장 중요한 장일 것이다. 용서하지 않는다면, 다른 사람뿐 아니라 자기 자신을 용서하지 않는다면 우리의 삶은 고여서 썩을 수밖에 없다. 마치 오염된 강처럼, 용서하지 못한 감정은 쓰레기가 되어 우리의 삶을 흐르지 못하게 꽉 막아버린다. 삶을 다시 흐르게 하고 싶다면 우리는 용서의 전문가인 아이들의 말에 귀 기울여야 한다.

아이들은 신나게 놀다가도 한순간 친구에게 크게 화를 내곤 한다. "너 미워! 너랑은 절대로 안 놀 거야. 절대로!" 하지만 몇 분 후면 모든 것이 용서된다. 둘은 언제 그랬냐는 듯 함께 어울려 논다. 더 이상 아무런 문제도 없다. 모든 것은 이미 용서되었기 때문이다.

원한을 갖지 마라

나는 어린 시절 뉴욕 브롱크스 지역에서 자랐다. 우리 가족은 엘리베이터도 없는 건물 5층의 방 한 칸짜리 집에서 살았다. 당시에는 아파트마다 이웃과 함께 사용하는 통풍구가 있었으며, 거기에는 손으로 직접 끌어올려 사용하는 작은 기계가 있어서 식료품이나 빨래를 주방까지

끌어올릴 수 있게 되어 있었다. 그 기계를 '덤웨이터dumb waiter(벙어리 웨이터라는 뜻_옮긴이)라고 불렀다. 우리 가족은 엘리베이터가 없는 5층에 살았으므로 덤웨이터는 무거운 물건을 들어올리기 위한 아주 유용한 장치였다.

어머니는 덤웨이터를 나눠 쓰던 이웃과 몇 번이나 언쟁을 벌이셨다. 매번 왜 싸움이 벌어졌는지는 기억나지 않지만 그 중 한 번의 큰 다툼만큼은 분명히 기억한다. 이제 막 깨끗이 빨아서 창가 빨랫줄에 널어놓았던 어머니의 옷에 이웃의 구두약이 온통 튀어버린 일 때문이었다.

두 가족은 서로 으르렁거리며 크게 다투었고, 그 후 나의 어머니도 아버지도 다시는 그 이웃과 이야기를 나누지 않았다. 그리고 당연하게도 나에게는 그 집 아이와 다시는 놀지 말라는 명령이 떨어졌다.

우리는 복도에서 서로를 마주치더라도 "안녕"이라는 인사조차 하지 않았고, 특별한 날에 "휴일 잘 보내"라는 말도 하지 않았으며, 화낼 때 빼고는 옆집 사람들과 전혀 이야기를 나누지 않았다. 나는 아직도 당시 어머니의 말씀이 생생히 떠오른다. "용서할 수는 있겠지만, 절대로 용서하지 않을 거다."

'용서의 대가'인 아이들과는 달리 우리 가족은 '원한의 대가'나 마찬가지였다. 심지어 아버지는, 어머니가 싫어한다는 이유로 여동생과의 대화마저 단절해버리셨다. 나의 사촌누나는 말도 안 되는 사소한 불화를 이유로 자기 남동생과의 관계를 완전히 끊어버렸으며, 친척 가운데 또 다른 누군가는 자신을 무시했다는 이유로 부모와의 연락을 완전히 끊어버리기도 했다.

우리 가문의 어른들은 몇 년이고 원한을 몰고 다녔고, 아주 작은 일로도 관계를 완전히 파괴해버리곤 했다. 그러나 아이들은 화를 내더라도 곧 극복한다. 아이들은 원한을 품지 않는다. 만약 화가 나면 그 화를 표현한 다음 자연스럽게 다음 단계로 넘어간다. 짜증이 나면 아이들은 떼를 쓰면서 자신의 감정을 분출한다. 칭얼거리거나 울거나 소리를 지르고 발길질을 하고 때리기도 한다. 하지만 일단 그 감정을 표출하고 나면 더 이상은 화를 내지 않는다. 오늘 경험한 화를 내일로 가지고 가지 않는 것이다.

용서할 것인가 말 것인가

앞에서도 언급한 바 있는 스테파니 카노비츠는 딸에게서 용서에 대해 많은 것을 배웠다고 한다. 그녀는 이렇게 썼다. "내 딸은 친구에게 장난감이나 쿠키, 컵, 책, 공, 레고 따위를 빼앗기고 슬픔에 빠져 울지도 모르지만, 몇 분만 지나면 다시 함께 모여서 논다. 아이들은 망설임없이 친구들에게 또 한 번의 기회를 준다."

아이들은 어떻게 친구를 용서할까. 카노비츠의 이야기를 더 들어보자. "어느 날 친구와 놀던 딸아이가 울기 시작했다. 자기가 원하는 대로 친구가 따라주지 않는다는 이유였다. 나는 딸아이의 입장에 서서 이해해보려고 노력했다. 문제의 핵심은, 딸이 자기 나름대로 열심히 세워놓은 놀이 계획을 친구가 방해하고 있다는 것이었다. …… 나는 절충점을 찾아보라고 딸과 친구에게 제안했다. 코를 훌쩍이면서 딸은 친구에게 이렇게 말했다. '내가 원하는 대로 잠깐 놀고, 그다음에 네가 원하는 대로 놀면 어때?' 문제는 그렇게 간단히 해결되었다. 딸은 그 후에도 '이제는 쟤랑은 안 놀 거야'라든가 '진짜 못된 애야'라는 식으로 말하지 않았다. 오히려 친구를 꽉 안아주며 '또 만나자'라고 작별인사를 했을 뿐이다."

아이들에 대한 이야기는 아니지만 용서에 관한 또 하나의 놀라운 이야기가 있다. 세계를 이끌었던 두 지도자, 빌 클린턴과 넬슨 만델라가 만났던 때의 일이다. 클린턴은 만델라에게, 당신을 27년 동안이나 가둬두었던 교도관들이 밉지 않느냐고 물었다. 만델라는 그들이 두려우면서도 미웠다고 대답했다. 하지만 그 화가 자신을 점점 잠식하는 것을 느끼면서 한 가지 깨달음을 얻었다고 했다. 만약 석방된 뒤에도 그들을 미워한다면 계속해서 그들에게 속박당하는 것과 마찬가지라는 사실이었다. 자유로워지기를 원했던 만델라는 그들에 대한 미움을 훌훌 털어버리기로 결심했다고 한다.

썩은 감자

용서하지 않는 삶이 우리를 얼마나 힘들게 하는지에 대해 현명한 가르침을 준 교사가 있었다. 그는 학생들에게 감자를 한 봉지씩 나누어 주고 감자마다 자신이 용서하지 못한 사람의 이름을 적으라고 말했다. 아이들은 자신을 몹시 화나게 만들었던 사람이나 따돌린 사람, 뒤에서 험담을 한 사람의 이름을 적었다. 교사는, 이제 그 이름들이 적힌 감자를 다시 봉지에 담고, 그 봉지를 들고 교실을 돌아다녀보라고 말했다. 아이들은 곧 용서하지 않음이 그 자체로 얼마나 무거운 짐이 되는지를 깨닫게 되었다.

사람들에게 명상법을 가르치는 실비아 부어스타인은 가끔 학생들에게 한 번이라도 골절상을 당한 적이 있는 사람은 손을 들어보라고 말한다. 몇몇이 손을 들면 부어스타인은 그 뼈가 아직도 아픈 사람만 계속 손을 들고 있으라고 한다. 보통은 거의 모두가 손을 내린다. 다음으로 그녀는 학생들에게 작년에 누군가에게 들은 말 때문에 아직도 고통스러운 사람이 있다면 손을 들어보라고 말한다. 대부분의 사람들이 손을 든다. 그러면 5년 전에 들은 말 때문에 아직도 고통스러운 사람이 있느냐고 묻는다. 다음으로는 10년 전, 20년 전, 30년 전으로 질문이 이어진다. 많은 사람들이 여전히 손을 내리지 못한다. 사람들은 상처가 되는 말을 듣고 나면 그 고통을 털어버리지 못하고 계속해서 지니고 다닌다.

우리는 과거 우리에게 상처를 준 이들을 용서해야 한다. 그럼으로써 우리는 오랜 시간 동안 무겁게 들고 다니던 감자를 내려놓고 고통으로부터 자유로운 미래로 나아갈 수 있다.

용서의 동그라미

아프리카 남부의 어느 원시부족은 누군가 무책임한 행동을 했을 때 그를 용서해주기 위해 놀라운 의식을 거행한다. 우선 남자와 여자, 아이들까지 모든 부족민들이 그를 둘러싸고 커다란 원형을 만든다. 원 한가운데에는 잘못을 저지른 사람이 홀로 서 있다.

다음으로는 모든 부족민들이 잘못을 저지른 사람에게 한 사람씩 차례로 말을 건넨다. 다만, 그가 저지른 악행에 대해서가 아니라 그가 지금까지 살면서 베풀었던 선행에 대해 이야기한다. 사람들은 기억할 수 있는 모든 사건과 모든 경험을 다시 떠올린다. 잘못을 저지른 사람이 갖춘 모든 긍정적인 특징과 선행, 장점, 친절함에 대한 대화가 아주 오랫동안 조심스럽게 이루어진다. 이 의식은 많은 경우 며칠씩 이어지기도 한다.

의식이 끝나고 나면 마지막으로 즐거운 축하파티가 열린다. 잘못을 저지른 사람은 그렇게 다시 부족의 일원으로서 정식으로 환영받는다.

부정을 저지르거나 다른 사람에게 상처를 준 누군가를 용서하는 데이만큼 감동적이고도 긍정적인 방식이 있을까. 그러나 사람들은 대부분 이런 식으로 용서를 표현할 기회를 갖지 못한다. 하지만 상상해보라. 만약 당신에게 고통을 안겨준 누군가에게, 그들이 저지른 나쁜 행위에도 불구하고 그들이 가진 좋은 속성과 선행과 장점들에 대해 말해준다면 어떤 일이 벌어질까? 그들을 향한 당신의 적대감이 훨씬 더 빠르게 누그러들지 않을까?

철없는 어른 되기

아동 심리치료사 모린 힐리는 용서에 관한 글에서 한 엄마의 잠자리 의식을 소개한 바 있다. 그 엄마는 아이들의 마음에 상처를 남겨두지 않기 위해 매일 밤 아이와 함께 용서를 주제로 이야기를 나눈다고 한다. 그녀는 매일 아이들이 잠자리에 들기 전에 "지금 미워하는 사람이 있니?"라고 묻는다.

미워하는 사람을 용서하는 것으로 하루를 마무리할 수 있다면 우리의 삶은 조금 더 가벼워질지 모른다.

당신도 하루를 마무리하기 전에 스스로에게 같은 질문을 던져보라. "지금 미워하는 사람이 있는가?" 만약 누군가가 떠오른다면 그들을 용서하려고 노력해보거나, 용서를 위한 몇 가지 활동을 해보아도 좋을 것이다.

왜 그래야 하냐고? 힐리가 말해주듯이 "용서하는 마음은 좋은 일을 끌어당기는 자석과도 같다. 자기 자신과 타인을 더 많이 용서하면 할수록 우리 삶에는 더 많은 기적과 즐거움, 행복이 찾아올 것이다."

아이의 눈으로 바라보라

유치원 교사가 아이들이 그림 그리는 모습을 지켜보고 있었다. 가끔 돌아다니며 아이들의 작품을 살펴보기도 했다. 교사는 열심히 그림을 그리고 있는 한 여자아이에게로 다가가서 무엇을 그리고 있냐고 물었다. 아이는 "하나님을 그리고 있어요"라고 대답했다.

교사는 잠시 머뭇거리다가 말했다. "하지만 하나님이 어떻게 생기셨는지는 아무도 모르는걸."

그러자 단 1초도 망설이지 않고 아이는 선생님을 올려다보며 대답했다. "이제 곧 알게 되실 거예요."

09 재미

다섯 살이 왜 좋냐고? 초코우유와 빨대 하나면
생애 최고의 날을 누릴 수 있기 때문이다.

_사이먼 홀랜드, 트위터 코미디언

제임스 메시나와 콘스턴스 메시나 부부는 『다시, 아이가 되다: 내면아이 치료하기』라는 책을 통해 우리 내면아이의 모습을 다음과 같이 정의했다. 내면아이는 다양한 모습을 지녔지만, 그 중에는 "어리고 단순했던 시절의 즐겁고 유머러스한 나, 사랑과 행복, 활기가 넘치는 나"도 있다. 그 내면아이는 "다른 어떤 목적도 없이 그저 즐겁게 노는 법을 알고" 있으며, "우리가 번아웃 상태(스트레스를 해결하지 못해 심리적으로 완전히 지친 상태)에 빠지는 것을 막고 삶의 스트레스를 잘 해결하도록 도와줄 수 있다."

우리의 내면아이는 "우리가 길들이고 통제해버린 자유로운 영혼이자 도깨비, 요정"이며, "어느 순간 잊히고 만, 또는 어쩔 수 없이 입을 다물어버린 우리의 어린 시절"이다. 하지만 다행스럽게도 그 내면아이는 여전히 우리의 깊은 무의식 안에 머무르고 있다. "우리가 심각한 고민을 털어버리고 공포를 극복하고 유연성을 받아들여서 조금 더 삶을 밝힌다면 우리는 여전히 내면아이를 되찾을 수 있다." 메시나 부부는 우리가 지금껏 내면아이를 억누르고 통제해왔기 때문에 노는 법, 쉬는 법, 그리고 삶을 즐기는 법을 모두 잊어버렸다고 말한다.

그러므로 이번 장에서는 우리가 내면의 아이를 되찾도록 도와줄 몇 가지 아이디어들에 대해 이야기해보려고 한다.

아이들은 익살을 떨거나 엉뚱하고 우스꽝스러운 행동을 하면서 정신없이 웃어댄다. 말도 안 되는 소리를 한마디 던지기만 해도 아이들은 폭소를 터뜨린다. 반면에 어른들은 익살을 떨거나 엉뚱하고 바보 같은 행동을 하는 다른 어른들을 부정적인 눈으로 본다. 성숙하지 못하다고 생각하기 때문이다. 하지만 '우스꽝스러운' 사람은 주변사람들을 행복하고 즐겁게 해주며, 심각한 일도 별것 아닌 것으로 만든다.

그러니 이제는 우리도 생각을 바꿔 아이들의 태도를 본받도록 하자. 우스꽝스러운 행동을 할 때 아이들은 스스로도 너무나 행복해한다.

많은 어른들은 장난치며 보내는 시간을 일종의 낭비라고 생각한다. 하지만 장난치는 것은 굉장히 생산적인 행위가 될 수도 있다. 이제는 우스꽝스러워지기를 거부하기보다는 아이들의 태도를 받아들여야 한다. 창의력 전문가인 로저 본 외흐는 약간의 익살스러운 행동이 내면의 창의력을 충동질한다고 말한다. 예를 들어, 심각한 분위기에 빠져 있는 디자인팀에서는 새로운 아이디어가 잘 떠오르지 않는다. 하지만 팀이 다함께 신명나는 분위기로 일을 하다 보면 수많은 새로운 아이디어들이 샘솟는다.

우스꽝스럽게 행동하기, 엉뚱한 행동하기, 장난치기는 상황에 대한 새로운 시각을 불러온다. 심리치료사이자 『행복한 동료 되는 법: 함께 일하기』의 저자인 티나 B. 테시나 박사는 아이와 같은 우스꽝스러운 행동으로 다툼이 심각해지는 것을 막을 수 있다고 말한다.

"사랑스러운 네 살짜리 아이와는 말다툼을 하기가 힘들죠. 제가 이런 저런 이유로 남편을 비난할 때면 남편은 네 살짜리 아이가 되곤 한답니다. 엉덩이에 양손을 올리고 턱을 삐죽 내민 다음 (화난 부모를 따라하는 아이의 모습을 완벽하게 재현하며) '누가 그랬어?'라고 말하거든요. 그런 다음 손가락으로 자기가 저질러 놓은 잘못(엉망이 된 테이블이나 밀린 집안일)을 가리킵니다. 그러면 저는 화가 잔뜩 나 있다가도 더 이상 화를 내기가 어려워지지요. 우리는 함께 한바탕 웃고 난 다음 그 문제에 대한 건설적인 대화를 나눕니다."

영화배우인 피 위 허먼은 아이들의 우스꽝스럽고 말도 안 되는 행동을 천재적인 감각으로 차용하곤 했다. 자신이 출연했던 텔레비전 프로그램 <피 위의 장난감집>에서 그는 엄청나게 많은 속옷을 꺼내어 그것으로 무얼 할 수 있는지를 보여준 적이 있다. 속옷을 머리에 쓰고 빙글빙글 돌려 터번을 만들기도 했고, 뒤로 흘러내리게 해서 긴 머리칼을 만든 다음 "라푼젤!"이라고 소리치기도 했다.

아이들의 장난스러운 반응을 어른들의 세계에 끌어들인 또 한 명의 인물로 신학자 콘래드 하이어스를 들 수 있겠다. 우스꽝스럽게 행동하기에 대한 콘래드의 말을 빌려 이 글을 마무리하려고 한다. 하이어스는 저서 『그리고 신은 웃음을 창조했다』에서 이렇게 썼다. "많은 권위적인 어른들은 짜증스럽게 생각하겠지만, 아이들은 '익살 부리기'에 엄청난 에너지를 쏟아 붓는다. 아이들은 우리 어른들의 중차대한 걱정거리들이 지닌 무게를 도무지 인정해주지 않는다. 하지만 정작 중요한 사실을 잊고 있는 건 바로 우리다. 우리가 아이처럼 순수해진다면 어른들의 걱정거리란 더 이상 중대한 문제가 아니게 된다는 사실을 우리는 잊고 있다."

다채로운 사람이 되어라

"열한 살이 된 제 딸은 공책에 방귀일지를 써요. 소리가 얼마나 웃긴지에 따라 1점부터 10점까지 점수도 매기죠." 어느 부모의 고백이다.

아이들은 망설이는 법이 없다. 어른들에 비해 거리끼는 것이 없고 훨씬 열려 있다. 아이들은 무슨 일이든 일단 저지르고 본다. 반면에 어른들은 다른 사람들의 시선을 너무나 두려워한다. 어린아이일수록 똥이나 방귀 같은 신체활동을 더 재미있게 느끼는 것도 바로 이런 이유 때문인지 모른다. 어른들은 대부분 그런 자연스러운 신체활동에 대해 언급하기를 민망해한다. 하지만 아이들에게는 금기가 없다. 아이들은 자기 자신을 마음껏 비웃을 수 있다.

아이들에게서 장벽을 무너뜨리는 법을 배울 수만 있다면 아마 우리 삶에도 더 많은 웃음이 찾아올 것이다. 예를 들어, 웨이비 그레이비라는 가명으로 더 잘 알려진 휴 롬니는 어린이 암센터에서 자주 봉사활동을 한다. 그리고 그곳에서 유머감각이 뛰어난 아이들을 여럿 만났다고 한다.

어느 날에는 열두 살 소년의 머리에 광대 분장용 흰 물감을 칠하기도 했다. 그날은 아이들에게 영화를 보여주는 날이었는데, 소년의 누나가 동생 머리 위에 영화를 틀어줄 수 없겠느냐고 부탁했기 때문이다. 항암치료 때문에 다 빠져버린 소년의 머리는 영화를 재생하기에 더할 나위 없이 완벽했다. 그리고 그 일은 실제로 일어났다. 사람들은 삼삼오오 둘러앉아 팝콘을 먹으며 소년의 머리 위에 재생되는 <고질라>를 감상했다.

몇 해 전에 보았던 어떤 텔레비전 프로그램에서는 무엇으로 아이들을 웃길 수 있는지를 다룬 적이 있었다. 부모님과 자신의 유머감각이 어떻게 다르냐고 묻자 한 아이가 이렇게 대답했다. "유머감각이요? 저한테는 있는데……."

정말이다. 아이들은 웃기다.

장난감은 아이들만을 위한 것이 아니다

내 딸은 한때 유니콘에 빠져 지냈다. 그 당시 딸의 방 벽이란 벽은 온통 유니콘 사진으로 도배되어 있었다. 그리고 얼마 후 딸에게는 동물의 시대가 찾아왔고, 이번에는 안아주고 싶게 생긴 고양이들과 귀여운 수달과 딸이 가장 좋아하던 바다오리들의 사진으로 벽이 도배되다시피 했다. 다음으로 딸이 십대의 초반을 보내던 때에는 그 모든 사진이 사라지고 자신의 우상이었던 크리스 아이작의 사진이 그 자리를 채웠다. 또한 자신의 예술작품으로 온 벽을 도배하던 시기도 있었다. 방 한가운데에 우산이 거꾸로 걸려 있고, 우산 가장자리에는 석고로 만든 손들이 대롱대롱 매달려 있던 모습을 나는 아직도 잊지 못한다. 그러니까 한마디로 말해서, 내 딸의 방은 단 한순간도 따분했던 적이 없었다. 툭하면 바뀌어서 그야말로 보는 재미가 있었다.

나 역시 딸아이에게서 교훈을 얻어 사무실과 집을 재미있는 물건들로 가득 채웠다. 사무실에는 늘 장난감과 재미난 물건들이 가득했고, 그것들 덕분에 나는 무슨 일을 하든 더 밝은 기분을 유지할 수 있었다. 지금도 내 사무실을 둘러보면 텔레토비 인형 여러 개와 나무로 만든 독일제 기계 장난감, 뻐드렁니가 난 가면, 광대인형, 맥도널드 플라스틱 장난감, 파란색 코끼리 음악상자, 딸랑이 무당벌레 인형과 우디 앨런의 친필사인이 담긴 사진을 비롯한 다양한 물건들이 있다. 우울한 날이면 그 물건들을 바라보거나 가지고 노는 것만으로도 삶에 대한 관점이 달라지는 것을 느낀다.

보통 어른들은 장난감이 오로지 아이들만을 위한 것이라고 생각한다. 그렇지 않다. 장난감은 어른에게도 아주 멋진 자산이 된다. 특히 스트레스를 많이 받을 때면 더욱 그렇다. 장난감 군인이나 모형권총 같은 것들만 빼고, 장난감 가게에서 찾을 수 있는 것이라면 사실상 그 무엇이든 당신의 스트레스를 잠시나마 잊게 해주고 다시금 밝은 기분을 느낄 수 있게 해줄 것이다.

몇 년 전 나는 동물인형에서 장난감의 힘을 직접 목격하기도 했다. 어머니가 엉덩이뼈 골절로 재활병원에 계실 때였다. 나는 어머니께 진짜 살아있는 골든리트리버 강아지처럼 생긴 손인형을 하나 가져다드렸다. 어머니가 머무르던 병동에는 치매나 알츠하이머병을 앓는 환자들이 많았고, 그들은 늘 의자에 앉아 벽을 멍하니 응시하거나 손으로 머리를 감싸 쥐고 있었다. 하지만 내가 어머니와 그 인형을 휠체어에 태우고 복도를 지나갈 때면 그들은 갑자기 미소를 띠거나 웃음을 터뜨리며 환한 표정을 짓곤 했다.

그러니 당신도 지나친 스트레스를 받았다거나 영혼을 위한 치유제가 필요하다면 손인형과 대화를 나누어보라. 그 귀여운 존재에게 당신의 고민을 털어놓다 보면 걱정은 어느새 사르르 사라져버릴지도 모른다. 또한 두 사람이 서로 심한 의견 충돌을 보일 때에도 손인형은 마법과 같은 힘을 발휘한다. 인형을 통해 각자의 생각과 감정을 이야기해보라. 단순한 천조각과 솜뭉치 덩어리에 불과하지만 대화를 통해 상황을 해결하는 데 정말 큰 도움을 준다. 어른들은 할 수 없는 말도 인형들은 충분히 할 수 있기 때문이다. 게다가 무슨 말을 한들 인형에게 화를 낼 사람이 누가 있겠는가?

나의 동료 가운데 한 명은 장난감이 어색한 분위기를 누그러뜨려줄 뿐 아니라 매사 너무 심각해질 필요가 없음을 기억하게 해주는 힘을 가지고 있음을 우연히 깨닫게 되었다. 몇 년 전 그가 수영장이 딸린 집에 살 때의 일이다. 이웃에 사는 꼬마들이 종종 울타리를 넘어와 몰래 수영장에서 놀곤 했다. 혹시라도 보험이나 법에 관련한 문제가 발생할까봐 걱정스러웠던 그는 계속해서 아이들을 내쫓았다. 그러던 어느 날 한 남자아이가 초인종을 눌렀다. 그리고 사과의 뜻이 그득 담긴 눈으로 내 친구에게 건네준 건 다름 아닌 러버덕Lubber Duck(노란색 고무 오리 장난감) 한 마리였다. 그때 이후로 내 친구는 어디를 가든, 버스나 비행기를 탈 때에도, 식당에 식사를 하러 갈 때에도 그 러버덕을 가지고 다닌다. 그리고 가끔 자신이 너무 심각해질 때마다 그는 러버덕을 보며 그 상황을 보다 가볍게 바라보려고 노력한다. 예를 들어, 식당에서 그는 이렇게 묻곤 한다. "제 오리에게 먹일 물을 좀 주실 수 있을까요?"

장난감은 어색한 분위기를 누그러뜨려주고 긴장을 풀어주며 다른 사람들과의 유대를 강화시켜준다. 태엽 장난감 몇 개를 회의실 탁자에 늘어놓기만 해도 문제가 교착상태에 빠졌을 때 회의 분위기를 사뭇 바꾸어 놓을 수 있다.

장난감은 편안함을 주는 원천이 되기도 한다. 스트레스 전문가인 에스터 오리올리는 소중하게 모은 공룡 장난감들을 이렇게 설명한다. "이유는 모르겠지만 저는 항상 장난감 공룡들을 무척 좋아했어요. 사람들이 강아지를 키우듯이 저는 공룡인형을 모아요. 몇 개는 직장에도 가져다 두었죠. 물론 집에는 훨씬 더 많고요. 여행을 떠날 때에도 늘 챙겨가야 해요. 저를 이상하게 보실 수도 있지만, 공룡인형들이 근처에 있을 때 저는 더 안전하고 행복한 기분이 된답니다."

당신도 아마 담요나 곰인형 등 좋아하는 장난감이 없이는 절대 아무데도 가지 않았던 어린 시절이 있었을 것이다. 지금도 늦지 않았다. 이게 너무 유치한 아이디어라는 생각이 드는가? 실제로 영국의 찰스 왕세자는 어린 시절부터 가지고 다니던 낡아빠진 곰인형 없이는 절대로 여행을 떠나지 않는다. 또한 어느 신문 기사에 의하면 "영국 곳곳의 호텔 직원들은 사업가들이 혼자 머무르는 방에서 봉제인형이나 낡아빠진 아기용 담요를 종종 목격하곤 한다."

그러니 여러분도 봉제인형을 통해 어린 시절을 되살려보는 건 어떨까? 『테디베어 철학』의 저자 수전 슈워츠는 어른들에게도 테디베어 같은 장난감이 필요하다고 주장한다. 곰인형은 "늘 사랑받는다고 느끼던 평온한 어린 시절로 우리를 다시 데려다주기" 때문이다.

지금 입은 옷이 바로 당신이다

아이들은 차려입기를 좋아한다. 어른들도 배워야 한다. 옷을 차려입으면 분위기를 바꿀 수 있고 기분도 좋아진다.

로버트 풀검은 특히 힘겨웠던 한 주를 마친 뒤, 다음 날을 보다 좋은 날로 만들어보자고 결심했다. 그래서 다음 날 빨강색과 흰색이 섞인 손녀의 동그란 모자를 쓰고 걸어서 출근했다. 머리 꼭대기에 프로펠러가 달린 작은 모자를 쓰고 가면서 계속 우울해하기란 쉽지 않았다.

한번은 누군가 코미디언 캐롤 버넷에게, 그날 입은 의상이 공연에 어떤 영향을 미치는지 물었다. 그에 대한 답변으로 버넷은 세 딸에 대한 이야기를 들려주었다. 버넷이 세 딸과 함께 저녁식사를 하러 가려는데 아이들의 머리가 엉망이었다. 하지만 아이들은 머리 손질하기를 귀찮아했다. 그래서 버넷은 머리단장을 하나의 놀이로 만들었다. 그녀는 방문에 "뷰티 살롱"이라고 쓴 표지판을 달고 원피스를 걸쳐 입어 '손님' 맞을 준비를 마쳤다.

한 아이가 문을 두드리자 살롱 여주인이 된 버넷은 문을 열고 손님을 맞았다. "어서 오세요, 손님. 어떻게 도와드릴까요?" 아이들이 황당해하며 문 앞에 서 있자 버넷은 계속해서 말을 이었다. "손님, 여기는 뷰티 살롱입니다. 어서 들어오세요. 머리를 손질해드릴까요, 손님? 드레스는 분홍색이 좋으세요, 초록색이 좋으세요, 손님?"

의상이 우리 행동에 큰 변화를 가져오는 건 틀림없는 사실이었다. 레스토랑에서 버넷의 세 딸이 평소보다 더 예절바르고 우아하게 행동했던 것이다. 전에 없이 "어머니, 버터 좀 건네주시겠어요?"라고 묻기까지 했단다.

버넷은 그런 생각을 작품 속에 훌륭하게 녹여내기도 했다. 영화 <바람과 함께 사라지다>를 패러디하기 위해 스칼렛 오하라로 분장하고 등장하던 그녀의 모습을 그 누가 잊을 수 있을까! 커튼봉까지 통째로 달린 묵직한 벨벳 커튼을 드레스처럼 둘러 입고, 커튼에 달린 술 장식을 앞머리처럼 대롱대롱 매단 채 커다란 계단 위에서 내려오던 버넷의 모습은 많은 사람들에게 큰 웃음을 주었다.

여기서 어른들은 중요한 교훈을 얻을 수 있다. 어떤 옷을 입느냐는 기분에 실제로 영향을 미친다는 사실이다. 그러므로 만약 지금 당신이 심한 스트레스에 시달리고 있다면 옷을 차려입어보기를 추천한다. 당신의 영혼을 들뜨게 해주는 옷을 입어보라. 예를 들어, 나는 재미있는 넥타이가 많은 걸로 유명하다. 색깔이 밝은 넥타이를 매면 내 기분도 좋아지지만, 사람들과 '오늘의 넥타이'에 대해 이야기를 나누며 소통할 수도 있다.

꼭 세련된 옷차림일 필요는 없다. 언젠가 어머니, 딸, 사촌, 친구들과 함께 서커스 공연을 구경하러 간 적이 있다. 우리는 모두 피에로처럼 코에 빨간색 고무공을 붙이고 공연장에 들어섰다. 관객들은 우리의 우스꽝스러운 모습을 보고 즐거워했고, 많은 사람들이 어디에 가면 그 빨간 공을 살 수 있느냐고 묻기도 했다.

또 한번은 얼굴을 하얀색으로 색칠하고 어릿광대 옷을 입고서 서커스를 구경하러 간 적도 있다. 아이들 몇몇은 내가 서커스 공연의 일부라고 생각하고는 쉬는 시간에 내 주변으로 몰려들어 사인을 해달라고 졸라댔다. 내게 사인을 받은 아이들은 아마도 큰 기쁨을 느꼈을 것이다. 아이들 덕분에 잠시나마 스타가 된 듯한 기분을 느꼈던 나 역시도 큰 기쁨을 얻었다.

내가 개최한 유머 워크숍에서도 어릿광대 분장을 했을 때의 긍정적인 경험을 나눈 참가자가 있다. 그녀는 당시 가고 싶지 않았던 여행을 떠난 탓에 기분이 좋지 않았다고 한다. 그래서 근처 중고품 할인판매점에 가서 가장 화려하고 가장 헐렁한 바지와 빨간색 멜빵, 커다란 물방울무늬가 그려진 티셔츠를 사고, 저렴한 가발과 피에로의 코가 되어줄 빨간 공도 샀다.

그녀는 이렇게 말한다. "여행을 괜히 왔다고 후회하던 그날은 내 인생 최고의 날이 되었어요. 내가 어릿광대 분장을 하고 공항에 나타나자 몇몇 아이들이 달려와서 사인을 해달라고 요청했죠. 어떤 남자분은 얼마 전 서커스 공연에서 나를 본 적이 있다고 하시더라고요. 그 중에서도 제일 재미있었던 순간은 항공사 직원들이 비행 안내방송을 했을 때였어요. '승객 여러분, 우선 탑승을 시작하겠습니다. 임산부나 자녀가 있는 가족들, 그리고 어릿광대는 먼저 탑승수속을 마쳐주시기 바랍니다.'"

이렇게 대놓고 바보 같은 행동을 하기가 도무지 어렵다면 아무도 볼 수 없는 것, 예를 들어 엄청나게 괴상한 무늬의 속옷을 사 입고 남몰래 웃어보는 것도 좋다. 당신의 속옷에 대해서 아무것도 모르는 주변 사람들은 당신이 왜 그렇게 만면에 미소를 띠고 있는지를 궁금해하게 될 것이다.

아이들로부터 교훈을 얻어라. 당신이 정말로 재미있어하는 것, 즐거운 것을 찾아서 당장 실행하라. 예를 들어, 어떤 여성은 아주 어린 시절부터 뉴욕 센트럴파크에서 회전목마를 타곤 했다. 지금도 언제든 기분이 우울하거나 골칫거리가 있을 때면 그녀는 남편과 함께 센트럴파크에 가서 회전목마를 탄다. 그러면 기분이 한결 나아지고 순수한 기쁨과 행복을 느끼게 된다고 한다.

지나치게 모든 상황을 통제하려고 들면 재미를 느끼기가 어렵다. 어른들은 이런 경우가 아주 많다. 짐 윈터는 30개월 된 손녀딸을 돌보면서 이 사실을 깨달았다고 한다. 윈터는 즉흥연극을 하는 코미디극단 웨이브랭스wavelength의 수장이다. 즉흥연극에 대해 조금이라도 아는 사람이라면 누구나 그것이 '흐름에 따르는 것'이며, 무언가를 통제하려고 노력하는 것과는 거리가 멀다는 사실을 안다. 그럼에도 윈터 역시 아이로부터 '통제하지 않는 삶'의 즐거움을 배웠다.

나는 손녀딸 비타를 돌봐주겠다고 자신 있게 말했지만, 아이는 곧 감기에 걸렸고 그때부터 닷새간의 마라톤이 시작되었다. 나는 손녀딸과 한시도 떨어지지 않았으며, 물약과 미온수 목욕, 해열제, 체온계와 우리는 한 몸이 되었다. 우리는 이불 속에서 편안하고 행복한 시간을 보냈다. 최소한 나에게는 그 시간이 참으로 편안하고 행복했다.

손녀는 상태가 호전되면서 자신의 작은 인형들을 돌보기 시작했다. 그런데 어느 날 아이는 '곰돌이'를 치료해야 한다며 곰돌이에게 아주 많은 양의 '약'을(실제로는 물병에 들어 있던 물방울을) 주기 시작했다. 곰돌이를 올려놓은 의자는 곧 물로 흥건해졌다. 나는 물기를 닦으며 다음번에는 곰돌이에게 약을 조금만 주면 어떻겠느냐고 물었다. 그러자 비타는 반사적으로 손을 흔들어 나를 내쫓으며 '할아버지는 저리 가'라고 말했다. 아이가 버릇없는 행동을 한다고 생각하던 바로 그때 아이의 눈과 얼굴이 환하게 빛나기 시작했다.

아이는 미소를 짓더니 나를 올려다보며 말했다. "할아버지 쉬야하러 갈래?" 별로 그럴 생각은 없었지만, 때마침 그럴 때도 되지 않았던가? 그것 참 좋은 생각이 아닌가? 아이가 다시 한 번 말했다. "할아버지, 쉬야하러 갈래?"

"할아버지가 쉬야하러 갔으면 좋겠니?" 나는 활짝 웃으며 물었다. 아이는 끄덕였고 다시 한 번 말했다. "빨리 쉬야하러 가!"

나는 아이의 말에 따르지 않을 수 없었다. 내가 없어야 상황이 나아지리라는 것은 틀림없어 보였다. 나는 무대에서 퇴장했지만 주방의 식탁 뒤에 숨어서 그 후 무슨 일이 벌어지는지를 몰래 볼 수 있었다. 당연하게도 비타는 곰돌이에게 아까처럼 '약'을 엄청나게 많이 먹이고 있었다. 나는 아이에게도 돌아가서 장난스럽게 으르렁거리며 "지금 뭐하는 거야, 요 녀석!" 하고 말했다. 비타는 현장을 발각 당하자 순간 화들짝 놀라 움찔하더니 신나게 소리를 질러댔다. 그리고 나를 바라보며 웃었고 우리는 함께 낄낄거리다가 곧 서로를 꼭 끌어안았다.

비타는 그 후로 이틀 동안 곰돌이 치료를 계속했고 나는 얼마나 많은 '약'을 바닥에 쏟든지 걱정하지 않기로 했다.

모든 사소한 것까지 통제하려고 애쓰다 보면 그 무엇도 재미있을 수 없다는 사실을 손녀딸에게서 배웠기 때문이다.

"이제 쉬야하러 가볼까?"

몇 년 전 나는 크라이슬러의 PT크루저라는 자동차를 샀다. 일반 자동차들과는 달리 겉모습이 '재미있다'고 생각했기 때문이다. 특히 마음에 들었던 부분은 계기판에 달린 장치들이 둥근 모양이라는 점이었다. 둥그런 시계는 심지어 디지털이 아니라 아날로그 방식이었다. 나는 PT가 Personal Transport(나만의 자동차)의 약자라는 점도 마음에 들었다. 이 차를 산 후 한 친구에게 보여주었더니 왜 이런 자동차를 샀냐며 핀잔을 주었다. 나는 자랑스럽게 대답했다. "귀엽잖아." 친구는 웃음을 터뜨렸다. 자동차를 귀엽다는 이유로 선택하는 사람이 어디 있냐고 생각하는 것 같았다. 자고로 자동차란 연비가 좋은지, 중고로 팔 때 얼마나 값을 쳐주는지, 심지어는 트렁크가 얼마나 큰지 등의 기준으로 골라야 한다고 생각하는 듯했다. 하지만 나는 그렇지 않다. 나는 자동차를 타는 매 순간 기쁨을 느끼고 싶다. 만면에 미소를 띠게 해주는 자동차를 갖고 싶다. 재미있는 자동차를 갖고 싶다. 귀여운 PT크루저가 잘하는 일이 바로 그거였다. 내 자동차를 보면 나는 노래가 절로 나왔다.

노래 이야기가 나왔으니 말인데, 아이들이 흔히 하는 일 중에서 어른들의 삶을 더욱 즐겁게 만들어줄 활동으로 줄넘기와 노래 부르기를 꼽을 수 있다. 물론 두 가지를 꼭 한꺼번에 할 필요는 없다.

니시 베리스퍼드는 자신의 블로그 "모든 여자의 말Allwomenstalk"에 이렇게 썼다. "우리 모두는 노래가 얼마나 위대한 것인지를 잊고 있다. 우리를 행복하게 해주는 것은 삶의 가장 단순한 교훈들이다. 노래는 그 중에서도 가장 단순하다. 스트레스에 허덕이고 있다면, 갑자기 노래를 부르고 싶은 충동이 든다면 당장 노래를 불러라! 굳이 큰 소리로 부를 필요도 없고, 그저 흥얼거린다거나 휘파람을 부는 것만으로도 충분하다. 아침에 일어나 샤워할 때나 욕조에 앉아 있을 때 가장 좋아하는 노래를 큰 소리로 불러보라. 하루를 시작하기에 이만큼 좋은 방법은 없으리라."

나는 브로드웨이 뮤지컬을 아주 좋아해서 뮤지컬에 나오는 노래들을 늘 부르고 다닌다. 내 마음대로 가사를 붙여서 부르는 일도 많다. 아니면 지금 이 순간을 나만의 작은 브로드웨이 뮤지컬로 탈바꿈시키기도 한다. 적어도 내게는 기분을 끌어올리기 위한 가장 좋은 방법이다.

마케팅 전략가 테드 루빈은 어른들도 노래를 불러야 한다고 강력하게 주장하는 사람 중 하나다. 그리고 그는 줄넘기 역시 추천한다. "고단했던 직장생활의 스트레스를 풀고 다시 행복해지기 위한 방법을 찾고 있는가? 아이들처럼 줄넘기를 해보라. 농담이 아니다! 바보 같이 들릴지 모르지만 정말 효과가 있다. 줄넘기를 하면(줄 없이 제자리 뛰기를 해도 된다) 양쪽 두뇌가 모두 활발하게 활동하게 되며, 신체 조정력과 근육 긴장도, 심지어 골밀도까지 개선된다. 줄넘기를 할 때는 그저 행복하고 즐거웠던 어린 시절을 기억하라. 아니면 나처럼 딸과 함께 줄넘기를 하며 순수하게 즐거워하는 딸의 모습을 바라보아도 좋다. 아이들을 행복하게 하는 가장 좋은 방법은 바로 함께 줄넘기를 하는 것임을 나는 아이를 키우면서 알게 되었다. 아이들이 서로 싸우거나 불평을 늘어놓을 때면 나는 다짜고짜 함께 줄넘기를 하기 시작한다. 줄넘기는 우리 모두의 감정을 누그러뜨려주는 기분 좋은 운동이다. 줄넘기를 하면 기분이 좋아진다. 그러니 깊이 생각할 것 없이 그냥 한번 해보라! 줄넘기를 하며 동네를 한 바퀴 돌고 와서도 계속 화가 나 있거나 스트레스에 시달리기란 거의 불가능할 것이라고 나는 확신한다. 잠깐 동안 줄넘기를 했을 뿐인데 갑자기 어린아이로 돌아간 듯 웃음이 나오기 시작한다고 해도 너무 당황하기 마시기를."

철없는 어른 되기: 익살 부리기

어릿광대의 빨간 코를 하나 장만하라. 그것을 언제나 몸에 지니고 다녀라. 언제든 분위기를 바꿀 필요가 있을 때 사용하라.

철없는 어른 되기: 장난감

작가 사라 반 브레스너크는 딸이 태어난 뒤 엄마로서의 즐거움 중 하나가 장난감 쇼핑이라는 사실을 알게 됐다. 이제는 떳떳하게 장난감을 살 수 있기 때문이었다. 딸이 자라서 더 이상 장난감에 흥미를 느끼지 않자 반 브레스너크는 자신만의 장난감 상자를 하나 만들었다. 그리고 상자를 스티커나 재미있는 엽서, 젖소 모양 우유병, 반짝이 전구 등으로 채웠다.

그녀는 모든 사람들에게 자신만의 장난감 상자를 만들고 어렸을 때 갖고 싶었지만 갖지 못했던 장난감들로 채워 넣으라고 말한다. 아직 늦지 않았다. 우리 자신을 위해 귀여운 봉제인형이나 인형의 집, 기차놀이를 사보자. 당신은 장난감 상자를 어떤 물건으로 채우겠는가?

내가 나만의 장난감 상자에 꼭 넣어두는 물건은 바로 비눗방울 놀이다. 긴장될 때 비눗방울을 보면 큰 안도감이 느껴지기 때문이다. 고속도로 요금소에서 엄청난 교통체증이 발생하여 오랫동안 기다려야 했던 적이 있다. 차창으로 비눗방울을 불고 있는데 내 차 옆에 길쭉한 검정 리무진이 서 있고, 열려 있는 뒷좌석 창문으로 어떤 여성이 샴페인을 마시고 있었다. 내 비눗방울을 본 그녀는 자기 쪽으로도 비눗방울을 불어달라고 소리쳤다. 나는 농담으로 이렇게 대답했다. “제 쪽으로도 샴페인 좀 던져주세요.” 우리는 함께 웃었고 교통체증은 훨씬 견디기 수월해졌다.

철없는 어른 되기: 옷 갖추어 입기

내 친구가 어느 날 옷장 정리를 하다가 몇 년 동안 쓰지 않은 여성용 모자가 잔뜩 들어 있는 가방 하나를 발견했다. 그날 친구는 저녁식사에 여덟 명 정도를 초대해놓은 상황이었다. 친구는 그 모자들을 그냥 내버리는 대신 재미있는 놀이를 해보기로 했다. 손님들이 도착할 때마다 모자를 하나씩 나누어 주고 저녁식사 내내 쓰고 있게 한 것이다. 그러자 모자는 식탁에 둘러앉은 사람들 모두의 장난기를 발동시켰다. 자기가 쓴 모자는 사실 유명한 디자이너의 작품이라는 둥, 이 모자를 쓰고 세계 어디어디를 여행했다는 둥 온갖 이야기를 지어내기 시작했다. 모자 덕분에 '그저 그런' 저녁식사 자리가 진정한 파티로 변한 것이다.

바로 오늘, 재미있는 옷으로 재미있는 하루를 만들어보라. 만약 그럴 만한 용기가 나지 않는다면 휴일에 해보아도 좋다. 7월 4일에는 빨강, 하양, 파랑이 섞인 옷을 입어보라(미국 독립기념일에 성조기와 같은 색깔의 옷을 입으라는 것_옮긴이). 부활절에는 엄청나게 크고 멋진 모자를 써라. 물론 크리스마스에는 빨간색 산타모자를 써야 한다. 그렇게 옷을 갖추어 입었을 때 어떤 기분이 드는지, 주변 사람들과 어떤 재미있는 대화를 나누게 되었는지를 기억하라.

삶에 재미를 더하기 위한 방법에는 노래와 줄넘기 말고도 다양한 것들이 있다. 동기부여 강사이자 〈뉴욕 타임스〉 베스트셀러 『오늘의 기적』의 저자 가브리엘 번스타인은 이렇게 조언한다. "춤은 당신 안의 에너지를 바꾸어 우울한 기분을 떨치게 해줄 최고의 방법입니다. 방에 신나는 노래를 틀어 놓고 리듬을 느껴보세요. 그리고 눈을 감은 채 엉덩이를 흔들며 춤을 춰보세요. 걱정 말아요, 아무도 못 보잖아요."

춤에는 영 소질이 없다면 혼자 몰래 낄낄거릴 수 있는 몇 가지 다른 방법들도 있다. 특히 회사에서 유용한 방법이다.

- 욕마다 숫자를 붙이고 스트레스를 받을 때마다 그 숫자를 말하라. 스트레스가 너무 심할 때는 아주 큰 숫자, 예를 들어 5,832,463을 외쳐라. 그렇게 심한 스트레스가 아니면 '에이, 다섯!' 정도로 족할 것이다.
- 당신의 직장이나 당면한 문제와 관련된 만화를 모으라. 심각한 문제를 좀 더 가볍고 밝게 만들어야 할 때마다 읽으면 큰 안도감을 줄 것이다. 회의 때 써먹거나 게시판에 게재할 수도 있다. 예를 들어, 어느 경영인은 지금 회사에서 어떤 일이 벌어지고 있는지를 가장 잘 보여주는 만화를 찾아오면 매달 1달러씩을 주겠다고 제안했다고 한다. 그는 이렇게 말한다. "제가 연구를 위해 쓴 모든 돈 중에서 가장 가치 있는 지출이었습니다. 그 어떤 설문조사보다도 우리 직원들의 압박감과 걱정들에 대

해 정확히 알려주었으니까요."

- 사무실에 당신과 동료들의 기분을 좋게 만들어줄 재미있는 표지판을 걸어두라. 이를테면 이런 것들이다. "돼지와 레슬링을 하지 마라. 둘 다 진흙 범벅이 되겠지만 돼지는 그걸 좋아한다." "매일 아침 일어나자마자 개구리를 한 마리씩 먹어라. 하루 종일 그보다 더 나쁜 일은 일어나지 않을 것이다." 오늘날의 부정적인 기업 풍토를 꼬집는 다음과 같은 표지판을 걸어두어도 좋다. "예산 감축으로 인해 터널 끝에 달린 전등은 다음 공지가 있을 때까지 꺼두겠습니다."
- 휴가를 떠나면 사무실로 말도 안 되는 엽서를 보내라. 휴가지의 쇼핑몰 사진이 담긴 엽서에 이런 메시지를 쓰는 것이다. "좋은 시간 보내고 있어요. 부럽죠?"
- '이 주의 가장 웃긴 고객'이나 '이 주 최악의 고객'을 뽑는 시상식을 만들어보라. 어떤 은행에서는 창구 직원들이 매달 '최악의 고객'을 뽑는다고 한다. 그러자 일부 고객들은 주목 받는 것이 두려워서 더는 직원들을 괴롭히지 않게 되었다.
- 유명인사들의 잡지사진에 사인을 받아 벽에 쭉 붙여놓으라. 그 많은 사인을 어떻게 받느냐고? 여러분이 직접 하면 된다. "마리 씨에게. 어제 밤 황홀한 시간 고마워요. 사랑을 담아, 로버트 레드포드로부터"
- 스스로에게 줄 쿠폰을 발행하라. "평소보다 5분씩 일찍 퇴근하기 허가증" "사장님 전용 주차구역 하루 이용권(사장님 외부 출장 시에만 이용 가능)"

- 당신을 기쁘게 하는 사람들의 사진을 늘 지니고 있어라. 일이 잘 풀리지 않을 때 그 사진을 들여다보라. 나는 늘 내 딸 사라의 사진을 지니고 강연에 나선다. 생크림 케이크를 얼굴에 잔뜩 묻힌 뒤에(딸아이가 몇 년 동안이나 하고 싶다고 졸랐던 일) 찍은 사진이다.
- 웃기는 만화나 재미있는 것들을 모아서 파일로 만들어라. 필요할 때마다 열어보라.

아이의 눈으로 바라보라

손녀 제니퍼가 아홉 살쯤 되었을 때 아이의 부모는 이제 아이도 참을성을 기르고 덜 불평하는 법을 배워야 한다고 생각했다. 그리고 그해 여름, 제니퍼의 가족은 긴 도보여행에 나섰다. 이제 제니퍼는 별로 힘들지 않게 도보여행을 할 수 있을 만큼 자라 있었다. 부모는 아이에게서 도보여행에 따라갈 수는 있지만 대신 불평을 해서는 안 된다는 약속을 받았다. 여행은 꽤나 오랫동안 이어질 예정이었다. 그런데 3킬로미터 정도를 걸었을 때 아이가 이렇게 말했다. “엄마, 불평은 안 할 건데요, 약속만 안 했다면 지금쯤 불평할 때가 된 것 같아요.”

10 즐거움

즐거움은 태어날 때부터 주어진 우리의 권리다.
(특별한 트라우마가 없다면) 어린아이들은 모두 즐겁다.
즐거움은 우리 의식의 본질적인 부분이기 때문이다.
즐거움은 우리의 진정한 본성을 비추는 거울이기도 하다.
순수하고 변하지 않으며 훼손할 수 없는 우리의 영혼, 그 자체다.

_잭 콘필드, 불교 구도자

아이들은 즐거워지는 방법을 안다. 즐거워지기 전문가라고 해도 과언이 아니다. 아이들은 재밋거리를 찾으려고 늘 기회를 엿본다. 그 과정도 항상 즐겁다. 마치 즐거워질 기회를 절대 놓치지 않으려고 안테나를 바짝 세우고 있는 것만 같다.

어른들은 가끔 웃는 것이 바보 같다고 느낀다. 뭔가 세련되지 못하다고 생각한다. 심하게 웃다가 얼마나 엉망진창이 될 수 있는지를 생각해보면 틀린 말도 아니다. 숨이 넘어갈 듯이 온몸으로 웃다 보면 얼굴이 눈물과 콧물로 범벅이 되어버리기도 하니 말이다. (그리고 아주 가끔은 웃느라 근육의 긴장이 너무 풀린 나머지 속옷을 적시기도 한다!)

여기서 웃음의 생리적, 심리적 장점에 대해 논할 생각은 없다. 하지만 전 세계적으로 수천 개의 '웃음 모임'이 존재하며, 이들은 더 건강해지기 위해서 정기적으로 함께 모여 웃는다! 수세기 동안 많은 권위자들 역시 웃음을 통해 엄숙함을 벗어버려야 한다고 강조했다.

예를 들어, 달라이 라마는 삶의 여러 굴곡에 대해 이야기하면서도 늘 웃음을 잃지 않았다. 그렇게 힘든 일을 겪으면서도 어떻게 웃을 수 있었는지 사람들이 궁금해하자, 그는 자신이 사실 프로 웃음꾼이라며 농담을 했다고 한다.

8세기경 중국에는 포대라는 승려가 있었는데, 배가 불룩하게 부른 그는 '웃는 부처'라는 별명으로 더욱 유명했다. 포대는 기분 좋은 장난을 즐겨했고, 하루 종일 법당에서 불경을 외우는 대신 아이들과 함께 놀이를 하곤 했다. 그는 아이들이 승려들보다도 더 많은 것을 안다고 믿었으며, 우리가 즐겁게 장난을 칠 때 비로소 우리 마음에 부처가 깃든다고 생각했다. 포대가 전해주는 메시지처럼, 우리는 깨달음을 얻으면서도 동시에 배꼽을 잡고 웃을 수 있다.

나는 개인적인 스승 스티븐 러바인에게서 웃음과 눈물에 대해 많은 것을 배웠다. 그에 따르면 웃음이란 열린 마음에서 비롯된다. 다시 말해, 웃을 때 우리는 삶이 어떤 모습이어야만 한다는 생각에 사로잡히지 않는다. 삶을 있는 그대로 바라볼 뿐이다.

또한 스스로에게 웃음을 허락한다는 건 자기 자신을 사랑한다는 의미다. 우리가 처한 상황에 대해 웃음 지을 수 있을 때 우리는 많은 단점이나 실수들에도 불구하고 스스로의 모습을 있는 그대로 받아들이게 된다. 자신의 바보스러움을 열린 마음으로 받아들이고, 어린아이와 같은 순수함으로 되돌아가는 것이다.

오늘을 온전히 살아라

몇 해 전 여름 리조트에서 휴가를 보내고 있는데 친구가 어린 두 아들과 함께 나를 찾아왔다. 날씨가 흐리고 쌀쌀한 날이라 수영장은 텅 텅 비어 있었다. 하지만 친구의 두 아이들은 조금도 개의치 않았다. 수영복으로 갈아입고 수영장 가장자리로 달려가더니 곧장 물속으로 뛰어들었다. 아이들은 그날 오후 내내, 거의 서너 시간을 내리 놀았다. 물속에서 코코넛을 이리저리 던지고, 수영장에 구비된 플라스틱 의자들을 이용하여 온갖 은신처들을 만들었다. 그날 리조트에 있던 어른들은 감히 밖으로 나올 용기를 내지 못했지만, 아이들에게는 해가 쨍쨍 내리쬐든 아니든 그런 건 조금도 중요치 않았다. 그들에게 중요한 건 그날 하루를 즐겁게 보내는 일뿐이었다. 그리고 아이들은 그걸 해냈다.

매년 첫 번째 일요일이면 내가 다니는 교회의 전 세계 영성센터에서는 연례 '흰 돌 의식'을 거행한다. 사람들은 모두 하얀색 돌을 하나씩 받는다. 때로는 흰 돌을 이스라엘에서 공수해오기도 한다. 잠시 조용히 명상의 시간을 가진 후 사람들은 떠오른 단어 한두 개를 돌멩이 위에 쓴다. 그리고 그 단어는 한 해 동안 우리의 구도자 역할을 하게 된다. 새해 결심이라기보다는 우리가 바라는 변화의 핵심 또는 미래의 화두라고 보면 된다.

그때 내 마음에 들어온 단어가 바로 '즐거움'이었다.

즐거움은 아이들에게서 무엇을 배울 수 있을지에 관한 글을 쓰고 있는 내게 딱 맞는 단어였다. 아이들은 즐겁지 않은 순간이 거의 없기 때문이다. 아이들은 자신을 둘러싼 모든 것으로부터 즐거움을 찾아낸다. 물건을 포장할 때 쓰는 일명 '뽁뽁이'를 톡톡 터뜨리거나 길가에 고인 물웅덩이를 참방거리는 것처럼 아주 단순한 일도 아이들에게는 큰 즐거움이다.

그런데 조금 더 살펴보니 나의 하얀 돌은 완벽하지 않았다. 가장자리가 약간 조각 나 있었고 군데군데 실금도 가 있었다. 그런 불완전함에도 불구하고 1년 내내 '즐거움'이라는 단어를 그대로 품고 있을 하얀 돌을 보자, 무릎이 까지거나 장난감이 부서져도 금세 털고 일어나서 또 다른 기쁨을 찾아내는 아이들의 모습이 떠올랐다. 나는 이 돌을 이정표로 삼아, 마치 아이들처럼, 그 어떤 장애물을 마주하든 의연히 이겨내고 다시 즐거움을 찾으며 살아갈 것이다.

아이들은 매일 매일을 온전히 누리며 거의 모든 일에서 즐거움을 찾아내는 것 같다. 내 친구 캐린 벅스먼의 어린 아들도 예외는 아니었다. "아들 방에서 무슨 소리가 들렸어요. 분명 학교 갈 준비를 하고 있어야 할 시간인데, 뭔가 웃기는 일이 벌어지고 있는 것 같았죠. 방문을 열어보니 아이는 침대 위에서 춤을 추며 티셔츠를 머리 위로 빙빙 돌리고 있었어요. 리듬에 맞춰 아주 열정적으로 발을 굴러가면서 말예요. 내가 '아들, 지금 뭐 하는 거니?'라고 묻자, 아이는 웃으면서 일곱 살 나름의 철학을 담아 이렇게 대답했죠. '엄마, 옷 하나라도 즐겁게 입는 게 중요해요'라고요."

벅스먼의 아들은 우리에게 중요한 교훈을 일깨워준다. "매일 똑같은 일상이 지루하다고 느껴진다면 바보 같은 노래를 부르면서 춤을 추고 공놀이를 하고 재미난 게임을 해보세요."

웃음을 찾아라

정확한 출처는 아직 찾지 못했지만, 아이들은 하루에 400번씩 웃는 반면 어른들은 겨우 열다섯 번을 웃는다고 한다. 어린 시절부터 어른이 되어가는 사이에 우리는 자그마치 하루 385번의 웃음을 잃어버린 것이다. 그나마 다행스럽게도 우리는 아이들로부터 웃음을 되찾는 방법을 배울 수 있다.

어린 시절에는 웃음이 자연스럽게 찾아오는 것만 같다. 어린 시절의 나는 늘 즐거움으로 둘러싸여 있었고, 가장 단순한 것들만으로도 금세 행복해졌다. 심지어 가지고 놀던 장난감이 완전히 박살이 났을 때 온몸을 휘감던 슬픔도 어느 틈엔가 쉽게 사라져버렸다. 하지만 우리는 대부분 나이가 들면서 어른이 된다는 책임감에 떠밀려 유머감각을 잃어버리는 것 같다. 어린 시절의 웃음이 가져다주는 기쁨은 성숙해질수록 점점 흐릿해진다.

안타깝게도 어린 시절의 웃음을 간직하는 법을 가르쳐주는 사람은 없다. 오히려 어른이 되면서 웃지 말라는 말을 자주 듣게 된다. 어른들은 삶에 대한 농담을 하지 말라고 가르친다. "진정하고, 좀 진지해지렴." 학교에서는 삶을 즐기지 말라고 배운다. "그렇게 실실 웃지 마라." 어떤 교사는 이렇게 말했다. "교육은 아주 진지한 문제이므로 재미와 연관 지을 수 없습니다." 내가 학교에서 만난 선생님들도 대부분 비슷한 말을 했다. 나 역시도 학교는 아주 엄숙한 곳이고, 삶도 마찬가지라고 배웠다. 학교에서도, 살면서도 '멍청한 짓은 하지 말아야' 했다.

우리는 나이가 들수록 멍청한 짓을 하거나 농담 따먹기를 하지 않는다. 사람들에게 인정받기를 바라기 때문이다. 우리는 다른 이들에게 받아들여지기 위해 우리 자신을 포기하는 법을 배운다. 착한 학생이 되어 좋은 성적을 얻기 위해 또는 어른들에게 인정받기 위해 즉흥적인 행동과 웃음을 스스로 금지해버린다. 하지만 자연스럽고 아이다운 웃음을 포기할 때마다 우리는 우리 자신의 일부를 희생하게 된다. 지나치게 세련된 삶은 답답하고 고통스럽다.

우리들은 대부분 성숙해지면서 어린 시절 웃으며 느끼던 기쁨을 조금씩 잃어간다. 안타까운 일이다. 하지만 다행스럽게도 우리는 웃는 법을 다시 배울 수 있다. 다름 아닌 아이들이 그 방법을 알려준다. 내 말을 못 믿겠다면 유치원생들을 관찰해보라. 아이들은 별것도 아닌 일에 늘 키득키득 웃어댄다.

웃음은 전염된다

사람들은 다른 사람의 웃음소리를 들으면 따라 웃는다. 텔레비전 시트콤에 웃음소리가 삽입되는 것도 그 때문이다. 대본이 별로 웃기지 않더라도 다른 누군가가 시끄럽게 웃어대는 소리를 들으면 대개 사람들은 따라 웃게 된다. 그 사실을 시트콤 제작자들도 잘 안다. 만약 당신이 혼자서 텔레비전을 보고 있다면 그다지 웃지 않으리라는 사실도 그들은 알고 있다. 웃고 있는 누군가를 곁에 두는 것만으로도 웃음을 되찾을 수 있다면, 정말로 그것이 사실이라면, 더 많이 웃을 수 있는 가장 손쉬운 방법은 아마 아이들과 자주 어울리며 그들의 웃음소리를 듣는 일일 것이다.

뉴욕 어린이 터치스톤센터The Touchstone Center for Children(비영리 어린이 예술교육기관)의 창립자이자 센터장인 리처드 루이스는 아이들의 행복한 웃음을 이렇게 묘사한다. "제 아이들이 아주 어렸을 때 시골에서 여름휴가를 보낸 적이 있습니다. 아이들은 저녁식사를 마치면 동네 아이들과 함께 어디론가 사라져버리곤 했지요. 가끔 아이들이 어디 있는지를 도무지 알 수 없을 때 아이들을 찾을 수 있는 유일한 방법은 웃음소리의 진원지를 찾는 것이었습니다. 아이들의 웃음소리는, 마치 기쁨이란 녀석이 언덕 위에서 데굴데굴 굴러 내려오는 소리 같았어요. 때로는 그 소리가 어찌나 높고 활기찬지, 아이들의 웃음소리라는 사실을 몰랐다면 아마 한 번도 본 적 없는 신비로운 새가 신이 나서 서로를 향해 지저귀는 소리라고 생각했을지도 몰라요."

있는 그대로 받아들여라

아이들은 모든 말을 너무 문자 그대로 받아들여서 어른들을 웃기곤 한다. 일곱 살 된 누나에게 한 살인 남동생을 얼마나 좋아하느냐고 물으면, 누나는 잠시 골똘히 생각해보고 이렇게 대답한다. “40퍼센트 정도요.”

유치원 교사인 미미 브로드스키 첸펠드도 유치원에서 비슷한 일을 겪었다.

그 주에 텔레비전에서 영화 〈오즈의 마법사〉가 방영되었어요. 아이들 대부분이 오즈의 마법사를 보고 온 터라 함께 영화 이야기를 나누고 있었죠. 아이들과 함께 빙글빙글 돌며 회오리바람 춤을 추려고 ‘이야기가 시작될 때 등장하는’ 회오리바람에 대해 생각해보자고 말을 꺼냈지요. 그러자 조시라는 아이가 제 말을 정정했어요. “선생님, 시작할 때는 회오리바람 안 나와요.”

“그래, 시작하고 나서 금방 나오지. 이야기 초반에 말이야.” 저는 이야기를 계속했어요.

하지만 아이는 끈질겼어요. “아니에요. 시작할 때는 회오리바람 이야기가 안 나와요. 아주 아주 아주 처음 시작할 때는 회오리바람은 안 나와요.”

“그래, 그래. 그럼 이야기가 처음 시작할 때는 뭐가 나오지?” 제가 포기하고 물었어요.

그러자 아이는 선언하듯 이렇게 말했어요. “영화 제목이요!”

첸펠드의 이야기로부터 우리는 독특하고 순수한 아이들만의 논리구

조가 있다는 사실을 다시금 떠올리게 된다. 첸펠드의 이야기를 더 들어보자. "예를 들어 그날의 주제가 '교통'이라면 아이들과 저는 다양한 교통수단에 대해 이야기를 나누고 그것을 표현하는 춤을 추거든요. 먼저 조별로 모여서 아이디어를 모은 다음 잠시 쉬는 동안 제가 물었지요. '또 다른 교통수단 생각나는 것 있니?' 그러자 피터가 곧바로 말했어요. '있어요! 아빠 어깨요!'라고요."

정답은 아닐지 모르지만, 피터의 대답은 앞서 논의한 바 있는 아이들의 주특기, '고정관념에서 벗어나서 생각하기'가 무엇인지를 잘 보여준다.

내 동생 마이클 역시 아들 제이슨에게서 모든 것을 문자 그대로 받아들이는 사고방식을 마주한 적이 있다. 제이슨은 선천적으로 양쪽 귀에 80퍼센트 정도의 청력 손실을 안고 태어났다. 그런데 몇몇 단어들은 제이슨이 그 의미를 문자 그대로 받아들일 경우 문제를 일으키곤 했다. 우리는 여기에서도 가치 있는 교훈을 얻을 수 있다.

청력 이상 때문에 어린 제이슨에게 단어의 의미를 가르쳐주는 일은 상당히 어려웠다고 한다. 특히 단어에 여러 가지 의미가 담겨 있을 때에 더욱 그랬다. "제이슨이 네 살쯤 돼서 보청기를 처음으로 끼기 시작했을 무렵이었어. 그날은 점심으로 아이에게 햄버거와 프렌치프라이를 사줬지. 아이는 햄버거에는 케첩을 조금 넣더니 프렌치프라이에 소금을 엄청나게 뿌리기 시작했어. 아예 들이붓더라고! 나는 하지 말라고 아이를 말리고 이렇게 말했어. '제이슨, 너무 많잖아. 그거 다 먹으면 죽겠다.' 당연히 그렇게 소금을 많이 먹으면 건강에 좋지 않다는 뜻이었지. 그런데 아이가 갑자기 소금통을 떨어뜨리더니 미친 듯이 울기 시작하는 거야. 자기가 당장 죽을지도 모른다고 생각했던 거지. 아이를 진정시키느라 한참 애를 먹었어. 그때부터 나는 두 가지 이상의 뜻을 가진 단어는 무조건 최대한 단순하게 설명해야 한다는 걸 깨달았어."

그 사건 이후로 동생은 직장에서 자신이 감독하는 비행기 기술자들에게 지시를 내릴 때에도 말을 최대한 단순명료하게 하게 됐다고 한다.

우리가 보는 세상을 조금 다른 시각으로 보고 싶다면 가끔은 모든 것을 액면가 그대로 받아들여보는 것도 좋다. 엄마와 아들이 이제 막 장을 보고 집에 돌아왔다. 둘은 사온 물건들을 정리하기 시작했다. 아이는 동물모양 비스킷 상자를 열더니 식탁 위에 온통 비스킷을 펼쳐놓기 시작했다. 엄마가 물었다. "너 지금 뭐 하는 거니?" 그러자 아이는 이렇게 설명했다. "여기 상자에 '실seal(밀폐용 스티커 또는 바다표범이라는 뜻이 있음_옮긴이)'이 훼손되어 있으면 먹지 말라고 돼 있단 말이에요. 지금 바다표범을 찾고 있었어요."

활짝 웃고 함께 나누라

아이를 낳아본 적이 없는 어떤 친구에게 지인이 일주일간 여행을 떠나면서 7개월 된 아기를 맡겼다고 한다. 내 친구는 아침에 일찍 일어나는 사람이 아니었지만, 아기는 그랬다. 그래서 내 친구는 매일 아침 굉장히 이른 시각에, 심지어 아직 해도 뜨지 않은 시간에 침대에서 일어나느라 고역을 겪었다고 한다. 하지만 아기의 밝게 웃는 얼굴을 보는 순간 괴로움은 환한 기쁨으로 변하곤 했다. 그리고 그녀는 아침마다 늘 비몽사몽이던 자신이 어느 순간 변해버렸음을 깨닫게 되었다. 행복한 아이가 보내주는 한 번의 작고 사랑스러운 미소가 모든 것을 바꾼 것이다.

도저히 웃을 수 없다고 생각되는 날에는 작은 아이들을 본보기로 삼아라. 어디서든 깨어 있는 아기를 찾아서 얼굴을 바라보라. 그러면 장담하건대, 마치 주문에라도 걸린 것처럼 자연스러운 미소가 떠오를 것이다. 아기들은 말하자면 웃음 자판기라고 할 수 있다. 블로거 맷 밸런타인은 이렇게 말한다. "제 아이들은 매일 똑같은 하루가 반복되어도 끊임없이 웃어요. 아무런 이유 없이 그냥 웃는 경우도 많지요. 저는 아이들처럼 최대한 많이, 최대한 자주 웃으려고 노력합니다. 그러면 삶이 몰라보게 달라지거든요."

웃음은 하나의 촉매제가 되어 당신의 몸 안에 더욱 행복한 기억을 떠올리게 만든다. 클라크 대학에서 진행한 한 연구에 따르면 당신의 웃음이 진짜인지 가짜인지는 그리 중요치 않다고 한다. 가짜 웃음 역시 진짜 웃음만큼이나 긍정적인 역할을 한다는 것이다.

바로 그런 이유로 의학박사인 데이비드 브레슬러는 고통에 괴로워하는 환자들에게 하루 두 번씩 웃으라는 처방을 내린다. 매일 환자들은 거울을 바라보며 웃어야 한다. 물론 아프거나 고통스러울 때, 우울할 때에는 웃는다는 것이 결코 쉽지 않다. 하지만 브레슬러 박사는, 아무런 비용도 들지 않는 이 치료법이야말로 건강 회복을 위해 꼭 필요한 첫 번째 발걸음이라고 말한다.

웃음은 건강을 회복하고 유지하는 데 도움이 된다. 의학박사 존 다이아몬드에 따르면 웃음은 면역체계의 균형을 유지시켜주는 가슴샘 호르몬의 분비를 촉진시킨다. 심지어 웃는 얼굴을 보는 것만으로도 더 많은 삶의 에너지를 얻을 수 있다고 한다. 또한 웃음만으로 더 어려 보일 수도 있다. 독일에서 이루어진 한 실험에서는 참가자들에게 다양한 표정으로 찍은 사진 2,000장을 보여준 결과 사진 속 인물이 웃고 있는 경우 원래 나이보다 약 두 살가량을 더 어리게 인식했다고 한다.

웃음에 대해 알아둘 또 한 가지 사실. 웃음은 돈벌이가 되기도 한다. 미소를 잃지 않는 식당 종업원은 웃지 않는 종업원보다 보통 팁을 더 많이 받는다. 은행원이 미소를 지으며 친절하게 고객을 응대하면 강도에 당할 확률이 줄어든다는 보고도 있다. 심지어 웃음은 직장을 구하는 데도 필요하다. 어떤 대형 호텔 체인에서 새 호텔을 지어 직원들을 채용했는데, 면접이 진행되는 동안 네 번 이상 웃지 않은 지원자는 무조건 탈락시킨 일도 있었다고 한다.

그러므로 건강을 위해서든 돈벌이를 위해서든, 브로드웨이 뮤지컬 <애니>의 주제곡 "웃음까지 입어야 다 입은 거야"가 들려주는 이야기를 기억하라. 정말 중요한 건 머리부터 발끝까지 무엇을 입느냐가 아니라 귀에서 귀까지 무엇을 입느냐이다.

철없는 어른 되기: 즐거움

앞서 소개한 바 있는 심리학자 제임스 메시나와 콘스탄스 메시나 부부는 삶에 즐거움과 재미를 더할 수 있는 몇 가지 방법을 제시한 바 있다. 이 중 몇 가지를 직접 시도해보고 어떤 것이 제일 마음에 드는지 골라보라.

- 새로운 취미생활이나 운동, 재미있는 체험을 해보라. 하루만 해봐도 되고, 한 주, 한 달, 일 년 동안 꾸준히 해도 좋다.
- 매주 일정 금액을 할당하여 즐거운 활동에 써보라.
- 재미있는 일의 목록을 만들어서 욕실 거울에 붙여 놓고 매일 읽어라.
- 마당에 촛불을 켜놓고 밤소풍을 즐겨라.
- 하루 동안 자신이 왕이나 왕비라고 생각하고 스스로를 대접하라.
- '아무 이유 없이 하는 파티'와 '생일 아닌데 그냥 하는 파티'를 열어보라.

내가 개최하는 유머 워크숍에는 아이들의 지혜를 엿볼 수 있는 특별한 순서가 있다. 먼저 참가자들에게 어떤 이유 때문에 스트레스를 받는지 열거해보도록 한다. 그러고 나서 그들에게, 만약 일곱 살로 돌아간다면 그 짜증나는 일들을 어떻게 해결하겠는지 생각해보라고 한다. 놀랍게도 어른들이 겪던 여러 문제들은 아이의 눈으로 상황을 바라보는 것만으로도 극적으로 변한다. 전화기는 장난감이 되고, 산더미처럼 쌓여 있는 서류는 종이비행기의 재료가 되며, 지루한 회의는 새 친구를 만날 기회가 된다!

물론 어른으로서 우리가 이런 해결책을 실질적으로 실행할 수는 없을 것이다. 하지만 이 과정 자체만으로도 사람들은 아이다운 생각이 우리에게 새로운 시각을 제공해준다는 사실을 깨닫게 된다. 그동안 스트레스 거리라고만 생각했던 많은 일들이 갑자기 웃기는 일로 변하는 것이다.

이렇게 해보자. 종이 위에 지금 당신에게 스트레스를 주는 일을 한 가지 적는다. 그리고 그 밑에 만약 당신이 아이라면 지금 이 상황을 어떻게 다루었을지, 떠오르는 생각을 모두 적어보라. 나도 모르게 웃음이 배어져 나올 때까지 절대 멈추지 말라.

11 친절함

모든 친절함의 표현은 얼마나 작은 것이든 결코 헛되지 않다.

_이솝

아이들과 함께 있어본 적이 있는 사람이라면 누구나 아이들이 언제나 친절하지만은 않다는 사실을 안다. 아이들은 때때로 굉장히 무례하고 심술궂고 불친절하다. 하지만 그런 상태는 보통 일시적이다. 잘못된 교육을 받고 자란 경우가 아니라면 대부분의 시간 동안 아이들은 모든 동물과 사물들에게 조건 없는 사랑과 자연스러운 애정을 보여준다.

여기, 아이들의 사랑과 동정심을 완벽하게 보여주는 이야기가 있다. 네 살짜리 딸이 금색 포장지를 함부로 낭비했다는 이유로 화를 낸 한 남자에 대한 이야기다. 그 남자는 당시 경제적으로 어려움을 겪고 있었다. 그런데 아이는, 거의 아무것도 장식하지 못한 크리스마스트리 아래에 값비싼 금색 포장지를 칭칭 감은 선물상자를 가져다두었다. 남자는 그 모습을 보자 불같이 화를 냈다.

다음 날 아침, 아이는 그 상자를 아빠에게 가져다주며 "아빠, 선물이야"라고 말했다. 전날 과도하게 화를 냈던 것이 생각나서 남자는 조금 민망해하며 선물상자를 열어보았다. 하지만 상자 안은 텅 비어 있었고, 그걸 보자 다시금 화가 치밀어 올랐다. 그는 아이를 꾸짖었다. "선물을 주려면 상자 안에 뭐라도 들어 있어야지. 넌 그것도 모르니?" 그러자 딸아이는 눈에 눈물이 그렁그렁 맺힌 채 그를 올려다보며 말했다. "아빠, 그거 비어 있는 거 아니야. 내가 거기에 뽀뽀를 몇 번이나 불어 넣었는데." 그 말을 듣자 남자는 마음이 무너져내리는 것만 같았다. 그는 작은 딸아이를 꼭 끌어안고 용서를 구했다고 한다.

그 일이 있은 뒤로 몇 년이 지났지만 그 남자는 여전히 침대 맡에 예의 금색 상자를 그대로 간직하고 있다. 그리고 용기를 잃을 때마다 상자 속의 뽀뽀를 꺼내어 보며 아이가 넣어둔 사랑을 떠올린다고 한다.

조건 없는 사랑

미국 전역에서 동성 간의 결혼이 허용되기 전에 작가이자 평론가인 브루스 클루거는 일간신문 <USA 투데이>에 그의 딸이 보여준 조건 없는 사랑에 관한 놀라운 이야기를 기고한 적이 있다. 그의 글을 잠시 읽어보자.

지난 봄 나는 여섯 살 난 딸 브리짓과 함께 식탁에 앉아 있었다. 아이는 숙제를 하느라 깊은 생각에 잠겨 있었다. 딸아이의 유치원 선생님은 '메이May(5월)'라는 단어와 끝소리가 같은 단어를 생각해보고, 그림으로 표현해보라는 숙제를 내주셨다. 달력 보는 법과 글자 공부를 한 번에 할 수 있는 참신한 숙제였다. 브리짓이 나를 올려다보며 도움을 구하는 눈빛을 보내자 나는 알파벳 끝에 '에이ay'를 붙여 차례대로 나열하기 시작했다. "에

이, 베이, 케이, 데이, 메이, 에이, 페이, 게이……."

바로 그때 브리짓은 환하게 웃음 짓더니 이렇게 선언했다. "게이! 바로 그거야! 나 무슨 그림 그릴지 결정했어!"

그동안 어린 딸이 자랑스러웠던 일은 아주 많았지만 그 중에서도 이건 정말 최고였다. 동성애라는 단어를 언급하는 것만으로도 표정이 굳어지고 마는 이 세상에서, '게이'라는 단어를 듣고도 그저 즐거워하고 신나 하는 딸을 보자 나는 기분이 너무도 들떴다. 하지만 브리짓의 관심사는 오로지 숙제로 그려야 할 그림뿐이었다. 결국 브리짓이 그려낸 그림 속에는, 활짝 웃고 있는 두 남자가 나란히 서 있고, 각자의 머리 위에는 작은 하트가 동동 떠 있었다.

클루거는 말한다. "사랑할 권리에는 한계가 없으며, 누구에게서도 그것을 빼앗을 수 없음을 아이들은 안다. 아이들은 사랑에 대한 사회적, 법적 제한으로부터 자유롭고, 애정의 대상을 열정적이면서도 제멋대로 찾는다. 그러니 겨우 5년 남짓 되는 짧은 삶 동안 브리짓이 결혼하고 싶어 한 사람만 벌써, 이웃 친구 윌리엄, 우리 친구 애비, 아빠, 파워퍼프걸에 나오는 주인공 세 명 중 두 명까지 해서 총 다섯 명이나 된다는 사실이 조금이라도 놀라울 이유가 있겠는가?"

아이들은 한계 없는 사랑을 이해한다. 그리고 미움 역시도 이해한다.

1977년에 배우이자 정치운동가였던 애니타 브라이언트는 플로리다주 데이드 카운티의 성적 지향에 따른 차별금지 조례를 폐지하기 위한 캠페인을 벌였다. 나는 브라이언트가 확산시키고 있는 캠페인에 대항하는 혐오 근절 모금활동을 벌이기로 결심하고, 샌프란시스코의 유명한 카스트로 극장에서 공연을 기획했다. 공연은 만원사례를 이루었다. 그리고 사랑이 넘치는 멋진 내 딸도 중요한 역할을 맡았다. 브라이언트에게 아래와 같은 편지를 보낸 것이다.

> 나는 아줌마가 하는 일이 싫은데 그 이유는 우리 아빠가 게이이기 때문이고 나는 우리 아빠를 엄청 많이 사랑해요. 아줌마는 게이가 싫다고 말하지만 나는 안 믿어요. 왜냐하면 하나님은 게이를 만드셨으니까 하나님도 게이를 싫어하지 않기 때문이에요. 나는 게이인 사람들이 좋고 아줌마 말은 신경 안 써요. 내 이름은 사라 클레인이고 나는 열한 살이에요.

작가 조던 레주완은 자신의 블로그 "고차원적 존재High Existence"에 이렇게 썼다. "아이들은 사랑에 관해서라면 아무런 편견이 없다. 당신이 아이에게 먼저 미소를 보여준다면 아이는 당신이 그저 존재한다는 것 외에 다른 아무런 이유 없이도 당신을 향해 환한 웃음을 보여줄 것이다. 아이들은 더 좋은 무언가를 기대하며 사랑을 주지 않는다. 그저 사랑할 뿐이다."

그 어떤 사회적인 경계도 아이들이 다른 사람을 사랑하지 못하게 막을 수는 없다고, 레주완은 말한다. "아이는 '낯선 사람과 이야기하지 말라'는 말을 듣기 전까지는 아무 거리낌 없이 아무하고나 이야기를 나눈다. 그러나 '낯선 사람과 이야기하지 말라'는 명령은 어린 시절이 지난 뒤에도 오랫동안 사람들의 머리에 새겨져 있는 듯하다. 도대체 말이 되는가! 낯선 사람들은 멋지고 흥미로운 사람들이다. 게다가 친구들도 처음에는 모두 낯선 사람이 아니었던가?" 아이의 눈에는 모든 사람이 친구이고 모든 사람이 특별하다.

PurposeFairy.com이라는 웹사이트를 운영하는 루미니타 새비억은 「아이가 어른에게 가르쳐주는 열다섯 가지 진실」이라는 글을 통해 사랑으로 가득한 아이들의 눈이 얼마나 특별한지 이야기한다. "당신과 주변사람들을 바라보는 아이의 눈이 얼마나 감탄으로 가득한지 본 적이 있는가? 그 반짝이는 빛…… 아이들은 그 순수하고 아름다운 눈으로 모든 사람을 바라보며, 모든 이들을 유일무이하고 특별한 존재로 인식한다. 그리고 우리는 정말 그런 존재다. 다만 우리의 렌즈가 너무 더러워서 현실을 아이들처럼 분명하게 보지 못할 뿐이다."

내 친구 두 명에게서 사랑과 아이들에 관한 경험담을 들은 적이 있었다. 첫 번째는 "러브레터 라이브Love Letters Live"라는 팟캐스트의 진행자인 재닛 갤린의 이야기다.

세 살인 내 손녀는 인형의 집을 작은 생쥐 인형들로 채워 넣었어요. 몇 마리는 우리가 손수 만들어준 베개에 작은 머리를 기대고 레이스 덮개를 덮은 채 침대에 누워 있었고, 또 몇 마리는 아이스크림 케이크와 과일이 담긴 아주 작은 접시와 수저가 놓인 식탁에 앉아 있었죠. 가끔씩은 서로 방을 바꾸기도 했지만 그 집은 언제나 진짜 생쥐들의 집처럼 정돈되어 있었답니다. 하루는 심심해서 내가 쥐들을 모두 밖으로 꺼내두었어요.

손녀가 방으로 들어와서 묻더군요.

"왜 이렇게 됐어요?"

"생쥐들이 지루해서 밖으로 나온 것 같구나." 내가 말했지요. 그러자 아이는 의심스럽다는 듯 눈을 흘겼어요.

"너도 알다시피 생쥐들은 야행성이야. 내가 자는 동안 생쥐들이 어둠 속에서 무슨 일을 벌이는지 어떻게 알겠니?"

손녀는 그 말을 믿는 것 같았지요.

그 후로도 손녀가 생쥐들과 저를 의심어린 눈초리로 바라볼 때마다 나는 이렇게 말했답니다. "야행성이라니까."

이런 일이 몇 달 동안 계속 되었어요. 그러다 마침내 손녀는 마음속에만 품었던 의심을 말로 내뱉었어요.

"할머니가 생쥐들을 밖으로 옮겨 놓은 거죠?"

나는 빙그레 웃었어요.

그리고 한두 해가 더 지나자, 나는 각자의 집에 따로 살고 있던 도마뱀 인형과 꼬꼬닭 인형까지 생쥐 인형들과 섞어 놓기 시작했어요.

"다른 동물들과 함께 시간을 보내고 싶었나 보구나." 나는 손녀에게 말했어요.

"진짜 할머니가 옮겨 놓은 거 아니에요?" 손녀가 물었지요.

나는 손녀에게 사실대로 고백했어요. 하지만 내가 그렇게 한 건, 인형 친구들도 모험을 떠나고 싶어 한다는 사실을 알고 있기 때문이라고 말했죠.

"할머니가 그걸 어떻게 알아요?" 손녀는 물었어요.

"동물들이 느끼는 감정을 할머니는 다 안단다." 내가 대답했어요.

그리고 손녀가 여섯 살이던 어느 날이었어요.

"할머니가 인형들 전부 옮겨 놓는 거죠?" 손녀가 말했어요. 말도 안 되는 소리 말고 진실을 알고 싶다는 듯한 목소리였지요.

"그래." 나는 우리가(그래요, 나 혼자서) 만들어낸 환상의 세계를 마지못해 포기했어요. 더 이상 어떻게 무생물들에게 애정을 쏟을 수 있겠어요? 내가 그렇게나 따뜻하게 보살펴주는데도 나에게 아무것도 돌려주지 않는 장난감들에게 말예요. "하지만 저 인형들이 내가 옮겨주기를 바란다는 게 느껴질 때에만 옮긴단다." 나는 말했어요.

그러자 아이는 어린아이답지 않은 친절한 인내심으로 옅은 미소를 띠고 이렇게 말했습니다. "할머니. 인형들은 감정이 없어요. 저건 봉제인형일 뿐이잖아요."

나는 거의 부루퉁해진 표정으로 대답했습니다. "아니야. 봉제인형에게도 감정은 있단다."

"아니에요, 할머니. 없어요."

"진짜 있는 것 같던데."

"아니에요. 할머니가 할머니의 감정을 인형들에게 이입한 것뿐이라고요."

"그래, 맞다. 하지만, 내가 인형에게 감정을 이입하니까 인형들에게도 감정은 있는 거잖니. 내가 준 바로 그 감정 말이야."

아이는 그 정도는 인정해주겠다는 듯 미소를 짓고는 서둘러서 도마뱀들을 위한 캠핑장을 열심히 만들었죠.

이제 손녀는 아홉 살이 되었고, 우리는 지금도 생쥐의 집과 도마뱀의 집과 꼬꼬닭의 집을 가지고 논답니다. 하지만 이제 우리의 동물친구들은 더 이상 종류별로 구분되어 있지 않아요. 모든 좋은 이웃들이 그러하듯이 서로의 집을 마음껏 드나들죠.

지금 생각해보면, 실제로 생명이 없는 것들을 굳이 생명이 있는 것처럼 꾸며야 한다고 생각했던 내가 얼마나 바보 같았는지 모르겠어요. 다른 누군가를 또는 다른 무엇을 사랑하기 위해 우리의 감정을 그것에게 억지로 이입한다는 것이 얼마나 큰 오만인지를 나는 이제 알게 되었어요. 모든 것은 있는 그대로 사랑스럽답니다.

아이의 조건 없는 사랑에 대한 마지막 이야기는 동기부여 전문가 도로시 빌헬름의 이야기다.

지나는 남편이 육군에서 퇴직한 후에 태어난 늦둥이였다. 우리는 대가족이었고, 남편 근무지에 따라 2년에 한 번씩 이사를 다녀야 했으므로 늘 정신이 없었으며 집에서 부부끼리 지내는 시간은 아예 없었다. 그런데 퇴직 후 신혼 때처럼 행복한 몇 주를 보내게 되었고, 곧 우리의 여섯 째 아이이자 둘째 딸인 지나가 찾아왔다. 행복한 시간은 그렇게 끝이 났다.

지나는 마흔다섯 살인 내가 엄마라기보다는 거의 할머니뻘에 가깝다는 사실을 깨닫지 못했다. 유치원에 다니기 시작했을 때도 마찬가지였다. 그런데 어느 날 유치원 선생님으로부터 지나가 화를 내며 심하게 울고 있다는 다급한 전화가 걸려왔다. 나는 아이를 데리러 유치원으로 달려갔다.

지나는 내 품으로 파고들었다. 그날 아침에는 가족에 대한 수업이 있었다고 했다. 엄마들은 열아홉 살쯤 되어 보이는 귀엽고 작은 여성으로 그려져 있었고, 할머니들은 마치…… 지나의 엄마, 그러니까 바로 나처럼 그려져 있었다. 지나는 엉엉 울며 말했다. “엄마. 엄마 머리카락도 갈색으로 바뀔 수는 없어?” 나는 흰머리가 듬성듬성 난 내 머리칼을 매만지며 말했다. “왜 안 되겠니? 머리카락은 무슨 색이든지 원하는 대로 바꿀 수 있단다.” 그러자 아이는 이렇게 말했다. “그러면 엄마 얼굴도 바꿀 수 있어?” 나는 대답했다. “머리카락 색깔은 바꿀 수 있지만 얼굴은 바꾸기가 좀 힘들어.” 그리고 그때 나는, “괜찮아. 이게 내 모습인걸. 이게 나의 본 모습인걸”이라고 말해야 하는 순간이 언젠가는 찾아온다는 사실을 깨달았다. 그리고 아이도 이해해주기를 바랐다. 몇 주 후 새로 부임한 선생님이 지나에게 “어머, 지나는 좋겠구나. 할머니가 오셨네”라고 말했을 때 나는 내 메시지가 지나에게 잘 전달되었다는 사실을 알게 되었다.

나는 지나에게 물었다. “선생님이 저렇게 말씀하셔서 기분 나쁘지 않았니?” 지나는 잠시 아무 말이 없더니 이렇게 대답했다. “응. 그래도 난 엄마를 사랑해.”

페이스북은 가끔 오래전에 게시한 글을 다시 띄워준다. 오늘 아침에는 내가 6년 전에 게시했던 글이 다시 올라왔다. 대여섯 살쯤 되어 보이는 한 아이가 코끼리를 끌어안고 있는 사진이었다. 뒤에서 찍은 것으로, 코끼리는 바닥에 앉아 있고 아이는 의자에 앉아 코끼리를 끌어안고 있었다.

그 사랑스럽고 다정한 사진을 보자 아이들과 동물이 얼마나 쉽게 애정을 나눌 수 있는지 떠올랐다. 내가 반려견을 데리고 산책을 할 때면 일주일에도 몇 번씩 사람들은 정말 아름다운 개라며 칭찬의 말을 건넨다. 반면 아이들은 개를 쓰다듬어봐도 되는지를 묻는다. 단지 개에 대해 말을 하는 것에서 그치지 않고 아이들은 개에게 가까이 다가가고 싶어 한다. 아이들은 사람을 비롯한 모든 동물들과 몸으로 직접 부대끼고 싶어 한다.

나의 동료 중 한 사람이 자신이 일곱 살 때 겪었던 일을 이야기해주었다. 어느 날 삼촌과 함께 낚시를 갔다고 한다. 처음에는 너무나 신이 났다. 하지만 그건 실제로 무언가를 잡기 전까지의 이야기였다. 낚싯줄에 걸린 물고기를 밖으로 잡아당기자 곧 바늘에 걸린 물고기가 고통스러워하며 벗어나기 위해, 살기 위해 몸부림치고 있었다. 속이 울렁거렸다. 그는 낚싯바늘이 입속에 들어온다면 어떤 느낌일지를 상상했다. 그리고 삼촌에게 잡은 물고기를 다시 놔주자고 사정했다고 한다. 결국 물고기가 자유로이 물속을 헤엄치는 모습을 보고서야 그는 기분이 풀어졌다.

아이들은 사람들과도 쉽게 친해진다. 내 조카 타일러는 ADHD(주의력결핍 및 과잉행동 장애)와 경미한 투렛증후군(틱증과 무의식적 행동을 보이는 신경장애)을 가졌다. 아마 그 이유 때문인지 그는 공감능력이 아주 탁월하다. 타일러의 엄마에 따르면 타일러는 "자기 표현대로라면 '힘들어 하는' 아이를 1킬로미터 거리에서도(!) 찾아낼 수 있다"고 한다. 타일러가 4학년 때 학교 선생님도 다른 아이들을 평가하는 타일러의 능력이 탁월하다고 말했다. 한번은 왕따를 주도하는 아이에 대해 이런 말을 했다고 한다. "선생님, 저 아이는 불쌍해요. 집에서 충분한 사랑과 관심을 받지 못해서 저러는 거거든요." 그리고 또 한번은 타일러가 수업시간 동안 시끄럽게 떠드는 한 친구를 이렇게 표현한 적도 있었다. "선생님, 제 생각에 쟤는 주의력결핍 장애가 있는 것 같아요. 약을 먹여야 해요."

타일러의 엄마 로리는 아들에게서 동정심과 배려를 배웠다고 말한다. "타일러는 항상 괴롭힘 당하는 아이들 편에 서곤 해. 누구든지 울고 있는 아이가 있으면 다가가서 위로해주고. 또 어떤 아이가 휠체어를 타고 있으면 나에게 와서 이렇게 묻곤 해. '엄마, 저 아이에게 가서 인사해도 돼요?' 그리고 곧 휠체어를 탄 아이에게 가서 자기소개를 해. 타일러 역시도 감당해야 할 어려움이 있으니까 그 아이의 감정을 잘 이해하는 거야!"

실제 있었던 일인지는 잘 모르겠지만 다음에 소개할 이야기에서도 다른 사람을 아끼는 아이의 마음을 엿볼 수 있다. 어느 다섯 살 남자아이의 옆집에 한 노인 부부가 살고 있었다. 그런데 그 노인의 아내가 최근 세상을 떠났다. 아이는 울고 있는 노인을 보더니 그의 집 안뜰로 달려가서 노인의 무릎에 기어올라가 앉았다. 나중에 엄마가 할아버지에게 뭐라고 말했는지 물었더니 아이는 이렇게 대답했다. "아무 말도 안 했어. 그냥 할아버지가 우는 걸 도와드렸어."

내 친구이자 동료인 앤 프라이도 자신이 아팠을 때 어린 아들이 보여준 동정심과 배려에 대해 들려주었다.

텍사스 동부에서 강연 일정이 잡혀 있던 때였어요. 그때 가브리엘이 아마 열 살이나 열한 살쯤 됐을 거예요. 아이는 함께 가서 내가 강연하는 모습을 보고 싶다고 했어요.

그런데 떠나기 전날 밤에 내가 감기에 걸려서 심하게 아팠어요. 독감인 것 같긴 했지만 강연 일정을 취소할 수는 없었죠. 그래서 우리는 차를 몰고 텍사스로 갔고, 가브리엘은 가는 내내 나를 즐겁게 해주려고 노력했어요. 강연은 바로 다음 날이었는데, 호텔에서도 몸이 너무 안 좋더라고요. 그래도 나는 엄마니까 아이를 돌봐야 한다는 생각에 마음이 무거웠죠.

그런데 가브리엘이 갑자기 밖으로 나가서 주위를 둘러보더니 길 건너편 약국으로 걸어가는 거예요. 거기서 약과 간식을 사다준 덕분에 나는 밖에 나갈 필요도 없이 방에서 쉴 수 있었어요. 그 뒤로도 아이는 계속 나를 돌봐주었고, 함께 텔레비전을 보며 나를 웃게 해주고, 내일 아침이면 곧 나을 거라며 나를 안심시켜 주었어요. 실제로 다음 날에는 몸상태가 많이 좋아졌고요.

이때뿐 아니라 역할이 뒤바뀐 일은 몇 번이나 더 있었어요. 내 어린 아들이 부모가 되고 나는 아이가 되는 거죠. 그럴 때마다 아이는 언제나 직감적으로 무엇이 최선인지를 알았어요.

저는 아이에게서 인간관계는 서로 주고받는 관계라는 사실을 배웠어요. 부모들도 받을 수 있고, 아이들도 줄 수 있어요.

한때 정신과 의사였던 또 다른 동료는 아들 덕분에 최악의 상황에서 벗어나 다시 웃는 법을 배우게 되었다고 한다. 어느 날 그는 한 엄마에게서 다급한 전화를 받았다. 십대인 아들이 정신적으로 문제를 겪고 있어 당장 도움이 필요하다는 간절한 전화였다. 아들은 화를 내며 집을 뛰쳐나갔고, 엄마는 아들이 지금 어디에 있는지 모르고 있었다. 그러나 도움을 주고 싶어도 우선 아이부터 찾아야 했다.

다음 날 친구는 이 아이가 기차에 뛰어들어 스스로 목숨을 끊었다는 뉴스기사를 읽었다. 보통사람들보다 누군가의 죽음을 훨씬 자주 접하는 정신과 의사였음에도 이 사건은 친구에게 깊은 정신적 상처를 남겼다. 그런데 얼마 후 그는 다섯 살 난 아들이 자신의 의사가운을 걸치고 청진기를 목에 건 채 서류가방을 들고 부엌으로 들어오는 모습을 보자 약간의 안도감을 느꼈다고 한다.

아빠처럼 옷을 입은 아이는 부엌에 엎드려 있는 강아지에게 다가가더니 청진기로 강아지의 심장 소리를 듣기 시작했다. 그러고는 아빠를 향해 활짝 웃으며 청진기를 건네주었다. 친구는 장난감 청진기로 강아지의 심장 소리를 듣는 시늉을 했다. 둘은 서로를 바라보며 웃었고, 꽉 끌어안았다. 바로 그 순간, 내 친구는 스스로에게 어두운 순간보다는 밝은 순간을 만들어 선물해줘야만 지난 일을 극복할 수 있으리라는 사실을 깨달았다고 한다. 아들이 전해준 소중한 교훈이었다.

판단하지 않기

어른들에게 배우지 않는 한 아이들은 판단하지 않는다. 어른들은 외모나 목소리, 능력, 재산, 사회적 지위 같은 것으로 다른 사람을 판단한다. 하지만 아이들은 판단하지 않는 사랑을 보여준다.

아이들은 태어날 때부터 열려 있고 사랑으로 가득하다. 세 아이의 아버지인 맷 밸런타인은 이렇게 말한다. "우리는 태어날 때부터 다른 사람을 밀어내기보다는 받아들이는 성향이 있다. 우리가 분열이라는 잘못된 생각을 키우게 된 건 살면서 그렇게 길들여졌기 때문이다. 애초에 우리는 모든 사람을 자연스럽게 받아들이도록 태어났다. 물론 아이들은 호기심 때문에 여러 가지 질문을 늘어놓는다. 그러나 판단하지는 않는다. 당신이 아이들에게 무언가를 특정한 방향으로 판단해야 한다는 믿음을 주입하기 전까지는 말이다."

밸런타인은 아이들에게서 배운 교훈을 기록하는 블로그를 통해 중요한 삶의 지혜를 공유한다. 바로 '언제나 사랑하고 배려하라'는 것이다. "아들이 기본적인 감정들을 인지하기에 충분한 나이가 되었을 때 아이는 나와 아내의 행동을 그대로 따라 하기 시작했다. 대부분의 부모들이 그렇듯 때때로 내가 이성을 잃고 소리를 지르면 아들은 똑같이 분노로 대응했다. 심지어 다른 사람에게 화를 냈을 때도 그랬다. 하지만 내가 사랑과 배려로 반응하면, 단 한마디 말을 하지 않더라도 아이는 똑같이 사랑과 배려를 보여주었다."

또 다른 블로거 로라 예이츠는 이렇게 썼다. "아이들은 어른들로부터 보고 듣고 배운 것과 외부의 영향에 기반하여 다른 아이들을 판단한다. 하지만 처음부터 그렇지는 않다. 아이들은 본래 자신이 마주하는 모든 사람이나 상황을 오로지 있는 그대로 받아들인다. 겉모습에 대해서는 관심이 없고 단점을 찾으려 하지도 않는다. 누군가와 관계를 맺고 상호작용할 것인지 여부를 평가에 따라 결정하지 않는다. 그저 자연스럽게 행동한다. 이미 성인이 된 우리가 아이들과 완전히 똑같이 행동할 수는 없을 것이다. 그러나 어떤 사람이나 상황을 섣불리 재단하지 않는 것이 얼마나 중요한지를 기억할 수는 있다."

뮤지컬 영화 <남태평양>에는 리처드 로저스와 오스카 해머스타인이 쓴 <배움은 신중해야 해You've got to be carefully taught>라는 노래가 나온다. 자신과 다른 이들을 좋아하지 않는 법, 피부색이 다른 사람들에 대한 미움이나 두려움, 주변 사람들이 싫어한다는 이유로 누군가를 싫어하는 법 따위는 배울 필요가 없다는 내용의 노래다. 이 노래는 우리에게, 이 세상에 혐오를 가지고 태어나는 아이는 없다는 점을 분명히 말해준다. 아이들에게 혐오를 가르치는 것은 바로 어른들이다.

또 다른 뮤지컬에서 스티븐 손드하임은 <아이들이 들을 거야Children will listen>라는 노래를 통해 어른들은 항상 말을 조심해야 한다고 말한다. 아이들은 어른들의 말을 들을 뿐 아니라 그 말을 우리에게 곧바로 되돌려준다. 내 딸이 아주 어렸을 때 나는 아이를 보면 자주 스펀지가 떠올랐다. 내가 한 말이나 행동을 아이가 그대로 흡수한 뒤 곧바로 되돌려주었기 때문이다. 아이들은 그렇다. 당신이 아이들에게 무엇을 주든 아이는 똑같은 것을 돌려준다. 아이들에게 혐오를 가르쳐서는 안 된다는 로저스와 해머스타인의 노래가 우리에게 강렬한 메시지를 전해주는 이유도 바로 그 때문이다.

이 주제와 관련하여 내 배우자의 어머니와 그 손주들 사이에 일어난 우스운 일화가 하나 있다. 어느 날 할머니 집에 놀러온 아이들이 서로 싸우기 시작했다. 그런데 손자가 손녀에게 이렇게 소리쳤다. “너 죽을래? 죽고 싶냐고!”

여덟 살짜리 아이의 입에서 이런 못된 말을 듣자 몹시 언짢아진 그녀는 손자를 꾸짖었다. “못된 녀석. 어디서 그런 못된 말을 배웠어?”

아이는 대답했다. “할머니가 그랬잖아요.”

두 아이의 엄마인 내 친구 에밀리 와슈버거는 “혐오를 배우기 전까지는 아이들은 혐오할 줄을 모른다"라고 말한다. 아이들은 차별하지 않는다는 사실을 에밀리 역시 아들 데이비드에게 배웠다. 아이들은 흑인이든 아시아인이든 히스패닉이든 가리지 않고 모든 아이들에게 열려있다. 아이들에게 피부색과 인종, 종교는 중요하지 않다. 아이에게 다른 아이는 그저 함께 놀 수 있는 친구일 뿐이다.

어느 여름, 에밀리와 남편 켄은 방학 동안 아들에게 좋은 경험을 선사해줄 방법을 고민하고 있었다. 어린이 캠프에 보내주고 싶었지만 당시 재정적 어려움을 겪던 부부에게는 너무 큰 부담이었다. 그러던 중 부부는 우연히 무료 주간 캠프를 발견했고, 데이비드를 캠프에 보냈다. 첫째 날 남편이 아이를 데리러 갔을 때 데이비드는 이렇게 물었다. "아빠, 이거 흑인 캠프인데 알고 계셨어요?" 그 말을 들은 켄은 아들에게 물었다. "어떤 생각이 들었기에 그러니?" 일곱 살인 데이비드는 이렇게 대답했다. "별 생각 안 했어요. 그냥 가보니까 그렇더라고요." 켄은 다시 물었다. "재미있는 시간 보냈니? 내일도 또 오고 싶어?" 그러자 데이비드는 "네, 재미있었어요"라고 대답했다.

데이비드는 그 캠프에 7년 동안이나 참가했고 청소년 지도부로 활동하기도 했다. '흑인' 캠프에 참여하는 데이비드를 보며 그의 부모는 다양한 사람들을 만나 새로운 것들을 배움으로써 성장해나가야 한다는 교훈을 얻었다.

내 친구 패디 셀윈 역시 네 살짜리 아들 다니엘로부터 타인의 눈으로 세상을 바라보는 법을 배웠다고 한다. 농구경기를 보려고 줄을 서서 기다리던 중 둘은 왜소증을 가진 한 여성을 마주쳤다. 다니엘은 셀윈에게 그 여성에 대해 물었다. 셀윈이 왜소증에 대해 설명해주자 아이는 한동안 아무 말도 하지 않았다. 그리고 얼마 후 이렇게 말했다. "엄마, 그 아줌마 몸 안에 들어가 본다면 어떤 기분이 들지 궁금해."

셀윈은 이렇게 말한다. "다니엘은 어른이 된 후에도 그렇게 키가 작다면 어떤 기분이 들지 잠시나마 상상해본 것 같았어요. 만약 어른들이 모두 아이들처럼 공감능력이 뛰어나다면, 다른 누군가의 몸 안에 들어가는 상상을 통해 그들의 모든 재능과 결점, 좋은 점과 나쁜 점들을 경험해볼 수만 있다면, 우리 모두는 서로를 진정으로 배려하게 되지 않을까요?"

안아주기

심리치료사 버지니아 사티어에 따르면, 누구든 생존하기 위해서는 하루 네 번의 포옹이 필요하고, 현 상태를 유지하기 위해서는 여덟 번의 포옹이 필요하며, 성장하기 위해서는 열두 번의 포옹이 필요하다고 한다. 사람에게 신체적 접촉이 얼마나 중요한지에 관한 사티어의 이론은 오늘날 과학으로 증명되고 있다. 예를 들어, 환자들은 자신에게 다정한 손길을 보내는 의사가 더욱 배려 깊다고 느끼며, 그런 경우 환자의 회복 또한 더 빠르다. 운동과 관련한 한 연구에 따르면, '하이파이브'나 서로 가슴을 맞부딪히는 '체스트 범프chest bump' 등의 스킨십을 통해 서로를 격려하는 농구팀이 더욱 협력하여 경기에 임했고 승률도 더 높았다고 한다.

스킨십이 아기들에게 미치는 영향에 관한 연구도 이루어진 바 있다. 그런데 놀라운 점은, 노인들에게 3주 동안 아기들을 마사지해주도록 하자, 그 노인들은 일주일에 세 번씩 마사지를 받은 노인들보다도 스트레스 지수가 더 떨어지고 사회적 상호작용의 수준이 높아졌으며 병원에 방문하는 횟수도 줄어들었다고 한다.

또한 여러 연구에서 밝힌 바에 따르면, 아기들에게 오랜 기간 스킨십을 해주지 않으면 발달이 느려지고 면역력이 떨어질 뿐만 아니라 어른이 된 후에도 심장병이나 당뇨 등을 앓을 확률이 높아진다고 한다.

그러므로 신체적, 정신적 건강을 위해서라도, 어느 광고에서 말하는 것처럼 "손을 뻗어 누군가를 만져라." 사실 이건 아이들의 전문 분야다. 외모가 산타 할아버지와 상당히 비슷한 에드 테일러는 우연히 만난 한 아이에게서 기분 좋은 일을 겪었다고 한다.

> 가끔은 거리를 걷는 나를 누군가 촬영해주었으면 하는 생각이 든다. 어제 오후 나는 해변을 따라 산책을 하다가 벤치에 앉아 있었다. 그때 네 살 정도 되어 보이는 작은 여자아이가 킥보드를 타고 다가오더니(아이의 아빠는 바로 뒤를 따라오고 있었다) 내 손 위에 자기 손을 얹고 "안녕하세요"라고 말했다. 나는 웃으며 "안녕" 하고 대답했다. 나는 킥보드에 대해 아이에

게 물어본 뒤 미니마우스 헬멧이 참 귀엽다는 둥, 어떻게 그렇게 킥보드를 잘 타느냐는 둥 칭찬을 해주었다. 아이는 그저 웃으면서 내 얼굴을 바라보았다. 그리고 몇 분 후 활짝 미소를 짓더니 아이는 "안녕히 계세요, 산타 할아버지"라고 말하고는 킥보드를 타고 돌아갔다. 아이 아빠는 딸을 쫓아가며 내게 말했다. "정말 다정하시네요. 감사합니다."

어쩌면 당신은 "직접 겪어보지 않아서 잘 모르겠네요"라며 별로 대단한 일도 아니었다고 생각할지 모른다. 하지만 내게는 정말 인상 깊은 경험이었다. 그리고 여러분도 언젠가는 이런 경험을 해볼 수 있기를 바란다.

물론 테일러의 외모 덕분에 아이가 접근했을 가능성도 아주 크다. 하지만 나 역시 비슷한 경험을 한 적이 있는데, 나는 산타클로스와 닮은 구석이라고는 없다.

내가 연설을 하게 된 한 회의에서 있었던 일이다. 식당에서 점심식사를 하던 중 우연히 여섯 살 정도 된 여자아이를 만났다. 왜 그런지 몰라도 아이는 나를 무척이나 좋아했고, 우리는 테이블 너머로 서로 장난을 치며 키득거렸다. 그날 오후 아이는 다시 나를 발견하고는 복도를 달려 내려와 두 팔로 나를 끌어안더니 내 가랑이 사이에 얼굴을 파묻었다. 나와 아이의 엄마는 서로 민망해했지만, 나중에는 함께 웃으며 어른들이 아이와 같은 애정을 가지고 서로 인사를 나눈다면 세상은 어떻게 변할까에 대해 이야기를 나누기도 했다.

조슈아 베커 역시 딸에게서 사람 사이의 스킨십이 가지는 힘에 대해 배웠다. "미니멀리스트 되기Becoming Minimalist"라는 블로그의 창립자인 그는 이렇게 말한다. "내 딸은 대부분의 다섯 살짜리들이 그렇듯이 자주 넘어집니다. 그러다가 무릎이 까지면 아이가 원하는 것은 단 한 가지예요. 엄마가 와서 일으켜주고 뽀뽀를 해주며 금방 괜찮아질 거라고 말해주는 것이죠. 아이는 새로운 장난감을 사달라고 조르지 않습니다. 그저 사랑과 안정감만을 원할 뿐이에요. 이제 고통을 누그러뜨려줄 가장 좋은 치료제를 찾았으니, 다른 무엇과도 바꾸지 않을 겁니다." 베커가 배운 삶의 교훈은 바로 이것이었다. "우리가 살면서 마주하는 고통을 '물건'으로 없애려 하지 마세요. 정말 필요한 건 사랑과 수용, 안정감입니다."

함께함

지금까지 아이들의 다정함과 사랑, 친절에 대해 살펴보았다. 이제 이 장을 마무리하면서, 무엇보다도 중요한 건 함께하는 것임을 알려준 한 아이의 이야기를 들어보려고 한다. 내가 처음 이 이야기를 접한 건 데이비드 로젠먼의 글을 통해서였다. 제목은 "아빠, 우리 그냥 같이 있으면 안 돼?"이다.

동료 인류 여러분에게.

오늘 아침 나는 열 살 딸아이가 졸라대기에 함께 집 근처 커피숍에 갔습니다. 아이는 작은 뜨개질 도구를 들고 갔고, 나는 신문과 공책, 펜, 그리고 휴대전화기를 가져갔어요. 평소와 다름없는 외출이었죠. 우리는 늘 앉던 자리에 앉아 각자 일을 했습니다. 딸은 무언가에 정신이 팔려 있었고, 나는 이메일을 확인하고, 주간 일정을 짜고, 할 일을 했습니다. 별 다를 것 없지요? 그런데 오늘은 딸아이가 한 가지를 더 요구했습니다. "아빠, 오늘은 신문도 안 보고 공책에 이것저것 쓰지도 말고 이메일도 안 보면 안 돼? 우리 그냥 같이 있으면 안 돼?"

과장하려는 게 아니라, 딸은 정확히 이렇게 말했습니다. 그래서 오늘 우리는 함께 시간을 보냈습니다. 딸은 제게 뜨개질하던 것을 보여주었어요. 벌써 이렇게 크다니, 저는 아이가 태어나던 날을 떠올렸습니다. 우리는 옆 테이블에 앉은 남녀가 지금 데이트 중인지 아닌지에 대해 이야기를 나누기도 했고, 딸은 자기 햄스터와 친구들에 대해서도 이야기해주었습니다. 아이가 샌드위치를 오물오물 먹는 모습을 바라보며, 내가 얼마나 이 아이를 사랑하는지를 떠올리자 왠지 조금 미안했습니다. 처음부터 이런 시간을 가졌더라면 얼마나 좋았을까. 굳이 용기 내어 내게 말하기 전에 사랑과 관심을 전해주었더라면 얼마나 좋았을까 하는 생각이 들었습니다.

카페를 떠나기 전에 나는 집에 있는 아들에게 가져다줄 간식을 주문하려고 일어섰습니다. 그리고 자리에 돌아와보니 쪽지 한 장이 뒤집어진 채 놓여 있었지요. 커피숍을 나서던 어떤 여성분이 딸에게 내가 아빠가 맞는지 물어본 뒤 이 쪽지를 전해달라고 부탁했다고 하더군요. 주변을 둘러보았지만 아무도 없었습니다. 나는 쪽지를 뒤집어보았고, 거기에는 이렇게 쓰여 있었습니다.

"저는 교사입니다. 제가 일하는 학교에는 아버지가 없는 아이들이 많아요. 일요일 아침에 딸과 함께 시간을 보내며 딸을 바라보고, 이야기를 듣고, 100%의 관심을 쏟아줄 아버지가 그 아이들에겐 없지요. 아마 모르셨겠지만, 앞으로 따님을 가르치게 될 모든 교사들에게 아버님은 정말 선물 같은 존재랍니다."

부디 당신의 아이가, 또는 사랑하는 사람이 관심을 달라고 부탁할 때까지 기다리지 마세요. 어쩌면 기회는 영영 오지 않을지도 모릅니다. 아마 당신이 이런 쪽지를 받는 일은 없을 겁니다. 이토록 아름다운 일은 아주 드무니까요. 대신, 저의 경험을 여러분께 나누어 드리겠습니다. 그러니 바로 오늘, 사랑하는 사람을 위해 존재해주세요. 아주 짧은 시간이라도 좋습니다. 그리고 어딘가에서 그런 일이 벌어지는 것을 본다면 아름다운 쪽지를 남겨보세요. 쪽지를 받은 그 분도 절대 잊지 못할 감동을 느낄 겁니다.

_데이비드

철없는 어른 되기

이 장에서 등장한 바 있는 조던 레주완은 일주일 동안 사랑에 대한 실험을 진행했다. 당신도 한번 직접 해보라. 첫 번째 단계는 '사랑과 친절의 명상'이다. 아래의 글을 누군가에게 천천히 읽어달라고 하거나, 직접 녹음한 뒤에 들어보라. 둘 다 여의치 않다면 그냥 혼자 천천히 읽어봐도 좋다.

(가능하다면) 눈을 감으세요.
지금 안아주고 싶은 사람을 떠올려보세요. 당신의 마음은 강렬한 기쁨으로 채워집니다. 지금 이 순간 그 사람을 안아주고 있다고 상상하며 기쁨을 느껴보세요. 기쁨의 감각을 잠시 간직한 채 그 따뜻함을 온몸 구석구석으로 퍼뜨립니다. 이제 기쁨은 당신의 온몸을 통해 밝게 뿜어져 나옵니다. 당신은 기쁨으로 은은하게 빛나고 있습니다. 그 상태를 잠시 유지해보세요. 그리고 이제 준비가 되면 감았던 눈을 천천히 뜹니다.
어때요, 정말 기분 좋지요?

이제 다음 단계로 넘어가보자. 아직 두 단계가 남아 있다.

먼저 스스로에게 물어보세요. "사랑은 어떤 일을 하는가?" 그리고 생각날 때마다 최대한 자주, 지금 사랑하고 있는지 자문해보세요. 사랑하고 있다면, 당신의 생각과 말과 행동은 오로지 순수한 사랑으로 채워져 있을 겁니다. 그렇다고 해서 끊임없이 솜털처럼 보드랍고 달콤한 생각만을 하라는 뜻은 아닙니다. 다만, 당신의 생각이 두려움이나 분노, 질투, 불만과 같은 것들이 아니라 사랑을 비추고 있는지, 최대한 자주 살펴보세요.

> 두 번째로는 사랑을 퍼뜨려보세요. 편안한 감정이 들 때마다 최대한 자주, 머릿속에서 사람들을 칭찬하고 행복을 빌어주세요. 물론 입 밖으로 내어도 좋지만 대부분의 사람들은 뜬금없는 친절에 익숙하지 않으므로 이상한 시선을 받을 수도 있습니다. "멋진 하루 보내시기 바랍니다"처럼 아주 단순한 것이라도 좋습니다. 예를 들면, 오늘 저는 길에서 담배를 피우고 있는 한 남자를 보았습니다. 그리고 마음속으로 이렇게 생각했어요. '지금 피우는 그 담배 한 개비가 당신에게 큰 기쁨이 되기를 바랍니다!'라고요.

레주완은 말한다. "이 세 가지 활동을 통해 여러분은 아마 평소보다 훨씬 편안한 마음으로 한 주를 보낼 수 있을 것입니다. 모든 일이 전에 없이 쉽게 풀릴 거예요. 어쩌면 생애 최고의 한 주를 보낼 수 있을지도 모릅니다."

아이의 눈으로 바라보라

한 아이가 학교에서 첫날을 보내고 집으로 돌아왔다.
아이의 엄마는 "오늘 학교에서 무엇을 배웠니?"라고 물었다.
그러자 아이는 대답했다. "다 못 배웠나 봐요. 내일 또 오래요."

12
쉼

나는 보통 정오가 될 때까지 별 감정을 느끼지 않는다.
그리고 정오가 되면 낮잠을 잔다.

_올리버 웬델 홈즈, 의학자이자 시인

쉬는 시간을 기억하는가? 초등학교에서는 수업시간 사이에 쉬는 시간이 있었고, 유치원에서는 낮잠시간이 있었다. 아이들에게는 에너지를 재충전하기 위한 휴식시간이 필요하다. 어른들은 잠깐의 낮잠이 삶에 얼마나 활력을 불어넣어줄 수 있는지를 잊고 있다. 그러나 수많은 유명인사들이 낮잠을 잤다. 아마 낮잠이 가져다주는 활기 때문일 것이다.

레오나르도 다빈치와 브람스, 그리고 나폴레옹 역시 낮잠을 잤다. 그들은 낮잠꾸러기였다. 토머스 에디슨도 낮잠을 잤다고 한다. 실제로 《타임》지에는 이런 기사가 실렸다. "1951년 포드Ford 사가 오랫동안 잠들어 있던 소장 자료를 공개했다. 그 중에는 헨리 포드와 그의 오랜 친구 토머스 에디슨이 실험실에서, 회의에서, 여행지에서 함께 시간을 보내는 사진이 여럿 있었다. 보통 포드는 기민하게 무언가에 집중하는 듯한 모습인 반면 에디슨은 벤치에서, 의자에서, 또는 잔디 위에서 잠들어 있는 경우가 많았다. 에디슨의 비밀병기는 바로 토막잠을 자는 것이었다. 그는 토막잠의 대가였다. 에디슨의 한 동료는 그를 이렇게 기억한다. '에디슨의 천재적인 잠자는 능력은 거의 발명 능력에 버금갈 정도였다. 그는 어디에서든, 언제든, 또는 어떤 것 위에서든 잠들 수 있었다.'"

로널드 레이건, 빌 클린턴, 존 F. 케네디와 같은 지도자들 역시 유명한 낮잠꾸러기들이었다. 윈스턴 처칠은 이렇게 주장했다. "점심시간과 저녁시간 사이에 한 번은 낮잠을 자야 한다. 어중간하게 자는 시늉만 해서는 안 된다. 아예 옷을 벗고 침대로 들어가야 한다. 나는 늘 그렇게 한다. 낮에 잠을 잔다고 해서 절대로 일을 덜 한다고 생각해서는 안 된다. 상상력이라고는 없는 사람들이나 그런 바보 같은 생각을 한다. 낮잠을 자면 더 많은 성취를 이룰 수 있다. 남들이 하루를 보내는 동안 당신은 이틀을, 아니 적어도 하루 반을 보내는 셈이기 때문이다."

낮잠으로 해결할 수 없는 일은 없다

샌프란시스코 유니티 교회의 켄 데이글 목사는 얼마 전 6개월 된 여자아이를 입양했다. 그는 종종 아이를 주일예배에 데려온다. 놀랍게도 아기는 밝고 활기찬 에너지로 가득하다가, 어느 순간 깊은 잠에 빠져 들어버린다. 그리고 짧은 낮잠이 끝나면 아기는 언제 그랬냐는 듯 다시 활발해져서 그 어느 때보다도 즐겁게 놀곤 한다.

아이들은 언제, 어디든 원하는 곳에서 낮잠을 잔다. 그러나 어른들은, 특히 미국에 사는 어른들은 '낮잠'을 입에 담을 수조차 없는 말이라고 생각하는 경우가 많다. 하지만 어떤 나라에서는 낮잠이 정해진 하루 일과로 받아들여지기도 한다. 어느 여름에 유럽을 여행하던 때가 떠오른다. 오후에 낮잠 자는 풍습에 대해 전혀 모르고 있던 나는 쇼핑도 하고 도시 곳곳을 구경하려고 신나게 호텔을 나섰지만 가게들은 대부분 닫혀 있었다.

푸짐한 점심식사를 마친 뒤 하루 중 가장 뜨거운 시간을 피해서 낮잠을 자는 건 대단히 이치에 맞는 일이다. 하지만 어떤 이유에서인지 북미 지역 사람들은 낮잠이라면 인상을 찌푸린다. 어쩌면 우리가 잠든 사이에 혹시라도 세계가 우리를 추월할까봐, 다우지수가 떨어질까봐, 또는 고객이 경쟁자에게로 옮겨갈까봐 두려워서 낮잠을 꺼리는지도 모르겠다. 게다가 대부분의 미국 기업은 낮잠을 생산력을 향상시키고 창의력을 되살리기 위한 충전의 시간으로 보지 않고, 비생산적으로 빈둥거리는 시간이라고 생각한다.

이제는 기업과 개인 모두가 낮잠을 터부시하는 우리의 관점을 되돌아보아야 한다. 이번에도 아이들이 우리에게 나아갈 길을 알려줄 것이다.

어른들은 어떤 문제에 직면하면 그것에 완전히 압도되어 어찌해야 할지를 모르는데, 아이들은 직감으로 쉽게 문제를 해결하는 경우가 많다. 앞서 언급한 바 있는 바버라 게이츠는 딸과의 낮잠에 대해 이렇게 썼다. "어느 날 멀리 사는 친척들이 갑자기 방문하신다는 연락을 받았다. 나는 긴장도 되고 조급한 마음에 얼른 케이틀린을 재우려고 자리에 누웠다. 쿵쾅거리는 심장 위로 작고 따뜻한 아이의 몸이 느껴졌다. 아이의 사랑스러운 감촉에 몸이 편안하게 이완되자 정신없이 삐걱거렸던 바쁜 하루가 내 안에 조금씩 차올랐다. 눈물이 뺨을 타고 흘러내려 딸의 팔을 적셨다. 케이틀린은 갑자기 자리에서 일어나더니 작은 손으로 내 뺨을 닦아주며 물었다. '엄마, 왜 슬퍼?' 뭐라고 대답해야 좋을지 알 수 없었다. 마침내 나는 '엄마가 너무 할 일이 많아서 도저히 다 할 수가 없을 것 같아. 전부 뒤죽박죽이 되어버린 것 같아'라고 대답했다. 그러자 케이틀린은 '아!' 하고 잠시 생각하더니 다시 내 품으로 파고들었다. 그리고 말했다. '낮잠 한숨 자고 일어나면 기분이 나아질 거야!'"

어린 케이틀린의 말이 옳다. 많은 사람들이 경험해보았겠지만 낮잠을 자고 나면 수많은 걱정거리와 안 좋은 감정이 조금은 누그러진다. 코미디언 캐리 스노우의 말처럼 "잠깐의 낮잠으로 해결할 수 없는 일이란 세상에 없다."

회사에서 낮잠을!

인간의 수면 습관을 연구해온 여러 연구자들에 따르면 낮잠 없이 보내는 하루는 자연스럽지 않다. 우리의 오랜 조상들은 오전에는 사냥을 하고 오후에는 그늘에서 낮잠을 잤다.

우리의 생체리듬은 한낮에 낮잠을 자도록 설계되어 있다. 낮잠을 자지 않으면 슬럼프에 빠지곤 한다. 당신은 어떨지 몰라도 나는 그런 경험이 많다. 거의 매일, 오후 세 시경이면 나는 슬럼프에 빠진다. 그건 지금 내가 하고 있는 일로부터 잠시나마 벗어나야 한다는 명확한 신호다. 그래서 나는 그 시간쯤 늘 반려견을 데리고 산책에 나선다. 나의 개는 좋아하는 산책을 하고, 그동안 나는 잠시 휴식을 취한다. 집으로 돌아오면 함께 낮잠을 잔다. 그 토막잠 덕분에 나는 몸이 이완되고 기분이 좋아지며 정신이 맑아지는 것을 느낀다.

만약 낮잠이 여유로운 사람들이나 어린아이들만을 위한 것이라고 생각한다면, 잘못된 생각이다. 많지는 않지만 일부 기업에서도 짧은 낮잠이 성과를 높일 수 있다는 사실을 깨닫고 있다. '직장에서 낮잠 자기'를 적극 실천하는 기업 중에는 허핑턴 포스트Huffinton Post도 있다. 허핑턴 포스트의 뉴욕 사무소에는 낮잠 자는 방이 두 개 마련되어 있다. 아마도 허핑턴 포스트의 창립자인 아리아나 허핑턴이 어느 날 밤 근무를 하다가 과로로 바닥에 쓰러지면서 부상을 당했던 일도 영향을 미쳤을 것이다.

낮잠 자기를 시행하는 또 다른 기업들로는 차량 공유 기업 우버Uber, 벤앤제리Ben&Jerry 아이스크림, 구글Google이 있으며, 놀랍게도 프라이스워터하우스 쿠퍼스Pricewaterhouse Coopers도 포함되어 있다. 다국적 공인 회계 기업인 이곳은 아마 오스카상의 투표 과정을 관리 감독하는 기업으로 가장 유명할 것이다.

이렇듯 일부 기업들은 이미 아이들에게서 힌트를 얻어 낮잠의 중요성을 인지하고 있다. 그 기업들이 새로운 기업문화를 이끌어나가기를 기대해본다. 어쩌면 미래에는 다음과 같은 슬로건을 내거는 기업이 등장하지 않을까? "직원들이 낮잠꾸러기가 되는 회사!"

타임아웃의 힘

전 프로 농구선수이자 나의 동료인 머라이어 버튼 넬슨은 스포츠와 성공에 대한 다양한 집필활동을 하고 있다. 블로그에 게재한 아래의 글에서 머라이어는 '타임아웃'과 성공 사이의 관계를 우리에게 '코치' 해준다.

> 어린 시절 나의 코치는 '타임아웃'을 외치곤 했다. 선수들은 그 시간을 휴식을 취하고 반성하고 앞으로 닥칠 일을 계획할 기회로 삼았다. 성인이 된 우리는 이제 우리 스스로의 코치가 되어서, 언제 휴식시간을 가져야 할지를 결정해야 한다. 그리고 그 시간을 통해 쉬고, 반성하고, 계획을 세워야 한다. 휴식시간은 몇 분이 될 수도 있고, 몇 주가 될 수도 있다.
>
> 우리의 일상에 '타임아웃'을 적용하기 위한 한 가지 방법이 있다. 적당한 시간을 '근무시간 종료'의 시간으로 정하고, 그때가 되면 무조건 하던 일을 멈추는 것이다. 그 시간이 지나면 이메일을 읽거나 일과 관련된 전화를 받지도 말라.
>
> 그리고 사무실을 떠나라. 휴대전화를 내려놓고, 에너지 재충전을 위한 활동에 집중하라. 그래야 다음 날 아침 기분 좋게 일에 몰두하고 생산력을

높일 수 있다.

나도 안다. 당신은 너무나도 바쁘다. 팀의 성공을 위해 당신은 없어서는 안 될 존재이고, 일주일 내내 일만 해야 할 것 같은 압박감을 느낀다. 직장에 다니는 청중들에게 매일 '타임아웃'을 가져보라고 제안하면 사람들은 굉장히 조용해진다. 마치 뭔가 무섭거나 심오한 이야기라도 들은 것처럼 말이다. "다음 날 아침까지 전화기를 만지지도 말라고요?" 언젠가 어떤 청중은 놀랍다는 듯 이렇게 묻기도 했다.

당신이 대기 중인 의사가 아니라면 내 대답은 '네'이다.

이제 낮잠을 하나의 목표로 삼아보라. 당신에게 창의적이고 다정한 코치가 있다면 아마 하루에도 몇 번씩 호각을 불어, 숨을 고르고 스트레칭을 하고 휴식을 취하라고 말할 것이다. 그러면 당신도 아마 휴식시간을 반갑게 맞이할 테고, 자리에 앉아 잠시 쉬어가며 새로운 시각을 얻을 것이다. 어쩌면 이렇게 말할지도 모른다. "고마워요, 코치님. 지금 딱 필요했어요."

자유시간을 허락하라

작가 베벌리 코크런스는 「느긋해지기의 기술: 아이들에게서 배우다」라는 제목의 글에서 이렇게 썼다.

어느 날 내 아이들이 잔디밭에서 데굴데굴 굴러 내려오는 모습을 본 적이 있다. 아이들은 어떤 제약도 없이 자유로워 보였다. 문득 나도 해보고 싶다는 생각이 들었다.

여러 가지 해야 할 일과 빡빡한 스케줄 사이에서 나는 어떻게 하면 진정으로 느긋해질 수 있는지, 어떻게 순간을 즐길 수 있는지를 완전히 잊어버린 것만 같았다. 서두르는 것이 일상의 일부가 되어버렸고 늘 스트레스에 시달렸다. 마치 사그라지지 않는 추위처럼 늘 뭔가를 해야 할 것만 같은 기분, 할 일을 전부 해내기에는 도저히 시간이 부족할 것만 같은 기분을 도무지 떨쳐버릴 수가 없었다.

우리는 가끔 아이들에게 우리의 어린 시절에 대해 이야기한다. 그때는 편리한 기술은 적었지만 항상 자유시간은 많았다. 휴대전화기나 컴퓨터, 태블릿PC 등의 방해를 받지 않고 한 번에 한 가지 일에만 집중할 수 있었던 그 시절에는 시간이 더 느리게 흘러가는 것 같았다. 하지만 오늘날 우리는 그 당연함을 되찾기 위해 분투하고 있다.

연구에 따르면 여러 가지 일을 한꺼번에 하는 멀티태스킹은 한 번에 한 가지 일을 하는 것보다 생산성이 떨어진다고 한다. 한 번에 한 가지 일에 집중하는 것이 훨씬 효율적이라는 것이다. 우리 아이들은, 스스로 인식하지는 못하지만 한 가지 일에 집중하는 능력이 뛰어나다. 즉, 아이들은 스스로 마음챙김을 실행하여 늘 지금 이 순간에 깨어 있다.

그렇다면 우리는 부모로서, 그리고 어른으로서 아이들에게 무엇을 배울 수 있을까? 가장 중요한 것은 우리에게도 여유로운 시간이 필요하다는 것이다. 당신 스스로에게 자유시간을 허락하라. 말 그대로 전원을 차단하고 그냥 쉬는 시간 말이다. 매일 얼마간의 시간 동안은 지금 이 순간을 살아가는 것 외에 그 어떤 의무나 책임에 대해서도 생각하지 않기로 약속하라. 그리고 이를 통해 지금 이 순간을 느끼고 주변에 대해 열린 마음을 갖도록 하라. 짧은 휴식 시간을 갖고 자리에 조용히 앉아 사색하거나 '그저 존재하라.'

우리 아이들은 끊임없이 우리에게 새로운 것들을 가르쳐준다. 아이들에게는 경험하고 감탄하며 서두르지 않는 삶을 살아가는 능력이 아직 있다. 아이들은 자신의 이목을 끄는 것이라면 그것이 무엇이든 순간적으로 완전히 집중한다. 나는 아이들의 이런 능력을 되찾아 더 느리고, 스트레스로부터 자유로운 삶을 살아가고 싶다.

또 다른 블로그 운영자이자 엄마인 에리카 베이커는 알래스카 주노Juneau 지역에 살고 있다. 그녀는 외딴 지역에서 겪는 모험담을 블로그를 통해 공유하고 있다. 베이커가 어린 아들에게서 얻은 교훈에 대해 들어보자.

나는 아이를 통해 하루 계획을 너무 촘촘하게 세우지 않고 느긋하게 하루를 보내는 법을 배웠다. 원래 나는 '행동파'였다. 달성해야 할 중요한 목표들을 쭉 나열하고, 그 목록이 전부 지워질 때까지는 잠도 자지 않으려 했다. 하지만 아기가 생기고 나면 그건 애초에 불가능하다. 나 역시 아이가 태어나고 처음 몇 주 동안은 아이를 돌보고 기저귀를 가는 것 외에 다른 일을 한다는 것이 거의 불가능했다. 그리고 아들이 조금 자라고 난 뒤에는 집 밖으로 나가기까지 평소보다 두 배 이상의 시간이 소요되곤 했다. 이제 드디어 나갈 준비를 마쳤다고 생각하는 바로 그 순간 아들은 응가를 했다.

배변훈련은 내게 죽기보다 더 힘들었다. 아들은 어느 날인가 엉덩이에 손을 올리고 나를 올려다보더니 이렇게 말했다. "나 변기에다가 응가 안 할 거야. 내 덤프트럭에다가 할 거야." 아들은 바지와 기저귀를 벗더니 그 말을 정확히 실행에 옮겼다! 으악! 그나마 지금은 아들도 변기에 응가를 하고 있으니 어쩌면 우리도 조금씩 나아지고 있긴 한가보다. 아직 희망은 있다!

이제 내 아들이 유아기에 접어들면서 우리는 매일 새로운 것을 배우고 있다. 전에는 주방 바닥을 일주일에 몇 번씩 걸레질하지 않으면 끔찍한 일이 벌어질 것만 같았다. 하지만 이제는 분무기에 담긴 청소세제를 찍찍 뿌려서 대충 청소하는 것만으로도 충분하다는 사실을 안다.

최근에는 과자가 길바닥에 떨어진 지 3초만 지나지 않았으면 먹어도 된다는 사실을 아이에게 배웠다. 바닥에 떨어진 과자라도 아이에게는 그저 맛있는 과자다. 나는 요즘도 이런 일들로 매일 씨름을 하고 있다. 나는 느긋하게 지켜보는 법을 배우는 중이다.

그리고 나는 <돌연변이 닌자거북>과 <배트맨>에 나오는 모든 등장인물들의 이름도 배우고 있다.

또한 아이에게 다른 사람을 어떻게 대해야 하는가를 가르치는 일이 부모로서 해야 할 가장 중요한 일이라는 사실도 배워가고 있다. 아들과 나는 다른 이들에게 어떻게 하면 미운 말을 하지 않고, 어떻게 하면 나쁜 행동을 하지 않을지에 대해 많은 이야기를 나눈다. 아이는 친절하다는 말의 의미를 배우고 있고, 나는 아이들에게 예의범절을 가르치는 일이 굉장히 힘들다는 사실을 배우고 있다. 특히나 요즘처럼 많은 사람들이 예의를 지키지 않는 세상에서 말이다.

나는 이것이 겨우 시작일 뿐임을 안다. 하지만 아무것도 모르는 아기로 삶을 시작한 내 아이가 올바른 어른으로 커나가는 모든 과정을 온전히 함께할 수 있다는 사실이 나는 기쁘다! 그리고 최선을 다해 좋은 엄마 되는 법을 배워나가는 과정이 너무도 즐겁다.

켄 데이글 목사는 아이를 키우는 과정에서 느긋해지는 법과 모든 일을 순리에 맡기는 법을 배웠다고 한다. "이 글을 쓰고 있는 나는 지금 집에 갇혀 있습니다. 아내는 아침에 외출을 한다며 로마의 카시트가 달려 있는 차를 그대로 타고 나가버렸거든요. 오늘 하루 저의 계획은 완전히 틀어져버렸죠. 현대의 부모들이라면 모두 알다시피 카시트가 없이 우리는 아무데도 갈 수 없습니다. 카시트가 없던 시절에 우리 모두가 어떻게 살아남았는지는 정말이지 미스터리입니다! 어쨌든 나는 로마를 점퍼루에 앉혀 놓고 매일 아침 하던 대로 이메일과 문자 메시지를 살펴보기 시작했습니다. 로마는 이 희한한 기구를 대단히 좋아해서, 위아래로 점프를 하고 거기에 달린 장난감을 가지고 놀며 제법 오랜 시간을 보냅니다. 내가 눈앞에 있기만 아이는 행복하지요." 데이글 목사는 이렇게 덧붙였다. "부모로서 아이를 키우면서 나는 유연해지는 법과 적게 일하는 법을 배웠습니다. 그리고 무엇보다도 뛰고 웃으며 즐기는 법, 나만의 재미와 모험을 찾는 법도 다시금 깨달았지요. 살면서 원하는 것 또는 필요한 것을 얻지 못해 속상할 때, 그저 뛰어놀고, 웃고, 울어보세요. 삶은 축복이니까요!"

철없는 어른 되기

자, 이제 책을 덮고 낮잠을 한숨 자라.

아이의 눈으로 바라보라

천주교 재단에서 운영하는 한 초등학교의 점심시간이었다. 아이들은 식당에서 줄을 서서 기다리고 있었다. 탁자 한쪽 끝에는 사과가 한 무더기 쌓여 있었다. 수녀님은 사과 무더기 앞에 이런 쪽지를 붙여 놓았다. "한 개씩만 가져가세요. 하나님이 보고 계십니다." 탁자의 반대편 끝에는 초코쿠키가 한 무더기 쌓여 있었다. 줄을 서서 기다리던 한 아이는 쿠키 앞에 이런 쪽지를 써 붙였다. "원하는 대로 다 가져가세요. 하나님은 지금 사과를 보고 계십니다."

13 긍정적 사고

뒤돌아보라. 세상이 한없는 가능성으로 반짝이던 어린 시절을 떠올려보라.
그때는 눈길이 닿는 모든 곳이 새롭고 색다른 것들로 가득했다.
당신의 세상에 할 수 없는 일이란 존재하지 않았다. 하늘을 날 수 있었고,
벽을 통과할 수도 있었으며, 눈에는 보이지 않는 상상 속의 친구와 함께
하늘 끝까지 닿을 수도 있었다.

_더그 홀, 『당신의 두뇌를 깨워라』 중에서

별자리 운세 칼럼에서 아이들의 무한한 상상력을 보여주는 인상적인 이야기를 발견하리라고 생각하는 사람은 없을 것이다. 그런데 몇 해 전에 나는 롭 브레즈니가 쓴 황소자리 별자리 운세에서 이런 글을 읽었다. "그날은 '아이와 함께 출근하는 날(미국에서 매년 4월 넷째 주 목요일에 열리는 행사_옮긴이)'이었다. 나는 여섯 살짜리 딸 조를 데리고 출근했다. 내가 만들어낸 언어의 제국을 아이에게 보여주며 물었다. '너도 어른이 되면 아빠처럼 사람들을 위해 글을 쓰는 사람이 되고 싶니?' 딸은 대답했다. '아니. 그럼 계속 앉아 있기만 해야 되잖아.' 나는 다시 물었다. '그럼 커서 뭐가 되고 싶은데?' '난 불도저를 운전하면서 춤추는 광대 의사가 될 거야.'"

아이들의 눈에는 세상의 모든 것이 가능하다. 그들에게는 아무런 한계가 없다.

'맞아, 그리고'식 생각법

『모래상자의 교훈』의 저자 앨런 그레저먼은 말한다. "어린 시절에는 불가능이라는 개념 자체가 존재하지 않았습니다. 어른들이 할 수 있는 일의 경계를 뛰어넘는 온갖 것들을 상상해낼 수 있었죠. 우리는 아득히 먼 세계와 지하세계에 대해 상상했습니다. 아름다운 말을 타거나 거대한 피라미드 꼭대기에 기어오르는 상상을 하기도 했지요. 우리는 새처럼 하늘을 난다면, 나비처럼 장엄한 날갯짓을 할 수 있다면, 바람만큼 빨리 달릴 수 있다면 어떨지 궁금해했습니다. 우리 마음속에는 아무런 한계가 없었습니다."

즉흥연기는 '모든 것이 가능하다'는 생각과 궤를 같이한다. 몇 년 전에 나는 바로 그 이유 때문에 즉흥연기 강좌를 들었다. 기조연설이나 워크숍 자리에서 뭔가 예상치 못한 일이 벌어졌을 때 유연한 대처능력을 갖고 싶었기 때문이다. 그때의 경험은 청중들이 예상치 못한 질문을 던졌을 때, 또는 작은 사고가 벌어졌을 때마다 큰 도움이 되었다. 한 번은 발표 중에 화재경보가 울린 적이 있다. 우리 모두는 안전을 위해 강의실을 탈출했고, 나중에야 화재경보기 작동 오류였다는 사실을 알게 되었다. 강의실로 돌아와서 유머치료법에 대한 강연을 다시 시작하면서 나는 즉흥적으로 이렇게 말했다. "보세요, 유머가 이렇게나 뜨거운 주제입니다."

즉흥연기에서는 무엇이든 주어진 것을 있는 그대로 받아들여야 한다는 원칙을 강조한다. 상대 배우가 무슨 말을 하든, 무슨 행동을 하든 당신은 그것을 수용해야 한다. 그것이 향하는 방향을 억지로 바꾸려고 해서는 안 된다. '그래, 어떤 전제라도 받아들이고 거기에 살을 붙이겠어'라는 자세로 임해야 하는 것이다. 항상 '맞아, 그리고'라고 생각하는 것이다.

아이들은 '맞아, 그리고' 생각법의 대가다. 무엇이든 주어진 것을 받아들이고, 그것을 발전시켜나간다. 나도 그런 사고방식을 갖고 싶다. 하지만 종종 '맞아, 하지만'식 사고에 빠지곤 한다. 언젠가 미국에서 유럽까지 가는 데 45분밖에 걸리지 않는 새로운 비행기를 개발하는 문제에 대해 누군가와 이야기를 나눈 적이 있다. 그런 일이 실제로 벌어진다면 비행기가 지구 대기 위를 날아가는 동안 승객들은 무중력상태가 되고 말 것이다. 나는 이런 일이 실제로 벌어질 가능성이 있느냐는 문제에 대해 질문을 던지기 시작했다. 하지만 아이들이라면 아마 그런 비행기를 타고 무중력 상태로 있는 것이 어떤 느낌일지를 상상하며 공상에 빠질 것이다. 아이들은 쓸 데 없이 이의를 제기하는 법이 없다.

어른들은 자신이 바라는 어떤 일에 대해 생각할 때 왜 그 일이 이루어질 수 없는지 온갖 핑곗거리를 떠올린다. "맞아, 하지만"이라고 말하며 스스로에게 한계를 부여한다. 반면에 아이들은 모든 가능성을 포용하며 "맞아, 그리고"라고 말한다. "맞아, 나도 댄서가 될 수 있어. 그리고 나는 광대가 될 수 있어. 그리고 나는 의사가 될 수 있어. 그리고 나는 불도저 운전기사도 될 수 있어." 자기 스스로에게 한계를 부여하지만 않는다면 어른들에게도 불가능한 일이란 없다.

여기서 주의할 점. 만약 마이클 조던처럼 유능한 농구선수가 되고 싶은데 키가 160센티미터이고 몸무게는 100킬로그램인데다 나이가 일흔아홉 살이라면 당연히 그 목표를 달성하기는 어렵다.

다시 말해서 모든 것이 가능하다는 것도 합리적인 범위 안에서의 일이다. 아래의 소녀 역시 결코 자신이 원하는 바를 이룰 수는 없을 것이다. 그럼에도 이 이야기를 통해 우리는 아이들에게 불가능한 일이란 없다는 것이 어떤 의미인지를 엿볼 수 있다.

어느 날 여섯 살짜리 딸이 커서 간호사가 되고 싶다고 말했다. 나는 이렇게 대답했다. "간호사라고? 엄마 말 잘 들으렴. 네가 여자이기 때문에 무조건 간호사가 되어야 한다는 법은 없단다. 너는 변호사도 될 수 있고, 의사, 기업가, 심지어는 대통령도 될 수 있어. 원한다면 너는 그 무엇이든 될 수 있단다!"

아이는 의아하다는 표정으로 나를 쳐다보았다.

"정말 아무거나 될 수 있어요?" 아이는 잠시 생각에 잠겼다가 이렇게 말했다. 얼마 전 다녀온 동물원을 떠올린 것 같았다. "좋아요, 그럼, 나는 낙타가 될래요."

아이의 "맞아, 그리고"식 생각법을 보여주는 또 하나의 사례를 살펴보자. 오랫동안 홀로 아이를 키우다가 재혼을 결심한 엄마가 있었다. 그녀는 어린 아들에게 재혼 계획에 대해 말해주고, 결혼식을 마치고 나면 자신의 이름이 바뀔 거라는 이야기도 해주었다. 그리고 아들 역시 원한다면 엄마처럼 이름을 바꿀 수 있다고도 말했다. 한동안 생각에 빠졌던 아이는 자신도 이름을 바꾸고 싶다고 했다. 그리고 이름은 클라크 켄트, 그러니까 슈퍼맨과 똑같은 이름이 좋겠다고 말했다고 한다.

능력 너머로 손을 뻗어라

유치원 아이들에게 그림을 그릴 수 있는지 물으면 거의 대부분의 아이들이 손을 든다. 어른들에게 같은 질문을 던지면 손을 드는 사람은 놀라우리만큼 적다. 하지만 어른들은 물론 그림을 그릴 수 있다. 대단한 예술은 아닐지 몰라도 우리 모두는 그림을 그릴 수 있고, 노래를 부를 수 있으며, 춤도 출 수 있다.

내 어머니가 실버타운에 거주하실 때 그곳에서는 매주 토요일 저녁마다 라이브 음악공연이 열렸다. 그런데 그 방에 있는 약 일흔다섯 명의 사람들 중 보행보조기를 잡고 일어서서 춤을 추는 사람은 오로지 나의 어머니뿐이었다. 어머니는 보행보조기에게 '프레드 아스테어(미국의 무용가이자 배우)'라는 이름을 붙여주었다. 그저 의자 근처에서 몸을 앞뒤로 흔들어대는 것에 불과했으므로 대단한 춤이라고 할 수는 없었지만 다른 이들은 어머니를 감탄의 눈빛으로 바라보았고, 어머니가 정말 대단한 춤꾼이라고 말하곤 했다. 하지만 그러면서도 아무도 어머니와 함께 춤을 추지는 않았다.

이렇게 어른들이 무엇이든 할 수 없다고 생각하게 된 건, 능력 밖에 있다고 생각되는 일들을 더 이상 시도하지 않고 지나치게 현실에 안주하기 때문이다. 오래된 뮤지컬 영화 〈아워 갱Our Gang〉에 나오는 아이들은 안 된다는 말을 그대로 받아들이는 법이 없다. 어른들이 포기해버리는 일도 아이들은 물고 늘어진다. 처음에는 어떻게 해야 할지 몰라 헤매지만, 억제할 수 없는 에너지와 열정으로 불가능하다고 여겨지는 일에서 성공을 이끌어내곤 한다.

아이들은 언제나 할 수 있는 것보다 더 많은 일을 시도한다. 그렇게 아이들은 성장한다. 사우스캐롤라이나 주의 전 주지사 캐롤 캠벨 주니어도 비슷한 주장을 한 적이 있다. "전등 스위치가 아이들의 손 높이보다 약간 더 높은 곳에 달려 있는 방에 아이들을 몇 명 들여 보내놓고 어떤 일이 벌어지는지 보세요. 먼저 어떤 아이가 스위치에 닿으려고 제자리 뛰기를 합니다. 그리고 어느샌가 방에 있는 아이들 모두가 마이클 조던처럼 점프를 하기 시작합니다. 아이들은 성공하기 어려운 도전 과제에 자극 받아 자신의 능력을 시험하고 있는 겁니다."

이제 우리도 저 높은 곳에 있는 무언가를 향해 손을 뻗어보는 것은 어떨까?

어린 날을 돌아보다

한때 엄청난 인기를 누렸던 취업 관련 자기계발서 『당신의 낙하산은 무슨 색깔인가?What color is your parachute?』의 저자 리처드 N. 볼스는 본인에게 맞고 또 즐겁게 할 수 있는 직업을 찾기 위해서는 어린 시절을 돌아보라고 제안한다. 그에 따르면 우리는 놀이뿐만 아니라 어린 시절의 공상에서도 단서를 찾을 수 있다.

볼스는 그 사례로 앤이라는 시각장애인 여성의 이야기를 소개한다. 앤은 직업 음악가로 살아가려고 노력하다가 나중에는 작은 사업체를 운영하게 된다. 하지만 20년이 흐른 뒤 그녀는 두 가지 일 모두가 만족감을 주지 못한다는 사실을 깨닫는다. 그녀의 상담가는 앤이 6학년 때 무엇을 하고 지냈는지 생각해보라고 말한다. 그리고 그 과정에서 앤은 자신이 가장 좋아하는 일이 바로 자료 수집이라는 사실을 깨닫는다. 앤은 눈이 보이지 않았기 때문에 아주 어렸을 때부터 여러 개의 조각난 정보를 한데 모아 전체적인 지도를 그리는 법을 배웠던 것이다. 그런 어린 시절의 기억으로부터 앤은 자신의 열정을 바칠 수 있는 직업을 찾아냈고, 결국 유전학자가 되었다고 한다.

나는 일곱 살 때 부모님 손에 이끌려 처음으로 브로드웨이 쇼를 보러 갔다. 그리고 바로 그날부터 나는 '무대'라는 것에 완전히 사로잡혀 무대장치 설계자가 되기를 꿈꿨다. 무대장치 설계자라는 직업에 대해서는 아무것도 아는 바가 없었지만, 성장하는 내내 마음속 깊은 곳에서는 늘 예쁜 무대를 직접 만들고 싶다는 생각을 했다. 결국 나는 어린 시절 처음으로 본 연극공연의 영향으로 정말 무대 디자이너가 되었다. 앤의 경험과 완전히 똑같지는 않지만, 어린 시절의 강렬한 경험이 직업 선택에 중대한 영향을 미쳤다는 점에서 아주 비슷하다.

또한 초등학교 6학년 때 쓴 시가 학교 신문에 실렸던 일, 많은 청중들 앞에서 시를 읽었던 일이 어쩌면 지금 글 쓰는 일을 하게 된 최초의 동기가 되지 않았을까 하는 생각도 든다.

아일랜드 출신의 무용가이자 <리버댄스Riverdance> <로드 오브 더 댄스Lord of the Dance> 등의 뮤지컬을 창작한 마이클 플래틀리는 어린 시절 꾸는 꿈의 중요성과 그것이 오늘날 자신의 성공에 미친 영향에 대해 이야기한 바 있다. 일곱 살 때부터 플래틀리는 창밖을 내다보며 공상을 하느라 어른들에게 혼이 나곤 했다고 한다.

하지만 이제 플래틀리는 사람들에게 공상을 하라고 권한다. 어린 시절 어른들에게 혼이 나면서까지 했던 바로 그 일이 지금 자신의 성공을 만들어냈다고 그는 말한다.

달을 향해 쏴라

일곱 살 때부터 시와 단편소설, 시사 논설문 등을 집필해온 천재 소녀 아도라 스비탁은 테드TED 강연에서, 세계는 아이와 같은 사고방식을 필요로 한다고 열정적으로 주장했다. 아이들의 생각은 과감하고 창의적이며 긍정적이기 때문에 어른들은 아이들의 이야기를 들어야 한다는 것이다. 어른들은 스스로의 가능성을 제한하지만 아이들은 끝없는 가능성을 꿈꾼다. 그리고 아이들의 과감함은 가능성의 한계 자체를 바꾸어버린다. 스비탁은 어른들에게 충고한다. 무언가를 이루어내고자 한다면 먼저 꿈부터 꾸어야 한다고 말이다.

내가 <캡틴 캥거루>라는 텔레비전 프로그램의 무대 디자인을 맡고 있을 당시, <캡틴 캥거루> 제작자들은 매년 추수감사절이면 메이시스Macy's 백화점의 추수감사절 퍼레이드를 연출하곤 했다. 나는 그때마다 퍼레이드를 위한 특별한 무대를 디자인했고, 추수감사절 당일에는 새벽 여섯 시까지 스튜디오에 출근해서 무대가 제대로 설치되었는지를 감독해야 했다.

그로부터 몇 년 뒤로 빨리감기를 해보자. 나는 샌프란시스코에 살며 텔레비전으로 추수감사절 퍼레이드를 시청한다. 사람들이 대부분 잠에 빠져 있을 추수감사절의 이른 새벽에 출근을 하고, 휴일에도 가족들과 시간을 보내지 못했던 지난 몇 해 동안의 시간을 떠올린다. 그때 나는 이런 생각을 하곤 했다. "언젠가 나도 저 퍼레이드에 참여해서 행진을 해보고 싶어. 휴일에도 쉬지 못하고 일해야 했던 지난 몇 년 동안의 보상으로 말이야." 하지만 안타깝게도 내가 그 꿈을 이루도록 도와줄 만한 친구는 이제 없었고, 어떻게 그것을 실현해야 할지에 대한 좋은 아이디어도 떠오르지 않았다.

그러나 나는, 최대 여섯 사람만 거치면 우리가 목표를 이룰 수 있도록 도와줄 누군가가 나타나게 마련이라는 이론을 믿고 있었다. 나는 알고 있는 모든 사람들에게 퍼레이드에 나를 끼워줄 사람을 알고 있는지 묻기 시작했다. 아무도 없었다. 그래서 이번에는 페이스북을 통해 알게 된 수천 명의 '친구'들에게 같은 질문을 했다. 결국 어떻게 되었을까? 미국 대륙 반대편에 사는 한 지인에게서 연락이 왔다. 누구에게 연락을 해야 할지 아직은 정확히 모르겠지만 한번 찾아보겠다고 했다. 결국 그녀는 도와줄 사람을 찾아냈고, 다음 해 추수감사절에 나는 메이시스 퍼레이드에서 행진을 하고 있었다.

아이들처럼, 내게도 정말로 이루고 싶은 꿈이 있었다. 그리고 나 역시 아이들과 마찬가지로 어떻게 하면 그 일을 이룰 수 있는지 전혀 알지 못했다. 다만 나는 나의 꿈을 세상에 널리 알렸을 뿐이다. 아이들은 늘 그렇다. 뭔가 원하는 것이 있으면, 그것을 언젠가는 과연 얻을 수 있을지, 그 날이 언제일지를 전혀 알 수 없는 상황에서도 아이들은 요구하기를 망설이지 않는다. 나는 아이들로부터 바라는 것이 무엇이든 구하지 않으면 결코 얻을 수 없으리라는 사실을 배웠다.

나는 메이시스 추수감사절 퍼레이드에서 행진하고 싶다는 꿈을 그냥 흘려버리지 않은 내 자신이 지금도 자랑스럽다. 그래, 나도 인정한다. 퍼레이드가 시작되기 전 오랫동안 추위 속에서 오들오들 떨며 대기를 해야 했던 것도 사실이다.

하지만 일단 행진이 시작된 뒤에는 믿을 수 없을 만큼 멋진 경험을 할 수 있었다. 행렬을 따라오며 신이 나서 펄쩍펄쩍 뛰는 아이들에게 '하이파이브'를 해주고, 미소 띤 노인들에게 '행복한 추수감사절 되세요'라고 행복을 빌어주었던 시간은 내게 정말이지 마법과도 같았다. 내 삶의 하이라이트였다고 해도 과언이 아닐 정도다. 그리고 그 경험의 시작은 내가 버킷리스트에 써놓은 하나의 꿈으로부터였다.

어둠 속 한 줄기 빛

한 아이의 극단적 낙관주의에 관한 가히 전설적인 이야기가 있다. 크리스마스 날 아침, 잠에서 깨어난 소년은 크리스마스트리 밑에 선물 대신 말똥으로 만든 퇴비가 있는 것을 보고 깜짝 놀랐다. 하지만 아이는 실망하지 않았다. 대신 신나게 말똥을 삽으로 파헤치며 이렇게 소리쳤다고 한다. “이렇게 말똥이 많은 걸 보니 어딘가에는 망아지가 있을 거야!”

부정적인 생각에 자주 빠지곤 하는 어른들이 마음속의 망아지를 되찾기 위해 할 수 있는 일이 한 가지 있다. 아이와 같은 열정을 되살릴 수 있도록 동기를 부여해주는 물건을 주변에 가져다두는 것이다. 예전 나의 동료 중 한 사람은 낙천적인 마음가짐을 끌어올리기 위해 집 앞에 늘 분홍색 베고니아 꽃바구니를 매달아 놓았다고 한다. 베고니아 꽃바구니를 보면 세미나를 성공적으로 마칠 때마다 베고니아 화분을 사곤 했던 초창기 자신의 모습이 떠오르기 때문이었다. 우울한 날이 오더라도 그녀는 집으로 돌아올 때마다 과거의 성공들을 떠올릴 수 있었고, 그럼으로써 낙천적인 마음가짐을 되살리곤 했다고 한다.

에밀리 와슈버거는 딸에게서 희망과 낙천주의에 대해 많은 교훈을 얻었다. 2000년 5월 11일 와슈버거는 유방암 진단을 받았다. 에밀리와 남편은 그 사실을 아이들에게 알리기로 결정했다. 가족이기 때문에 알아야 한다고 생각했던 것이다. 아들 데이비드는 슬픔으로 목이 메는 듯했지만 당시 열두 살이던 딸 캐리는 흔들리지 않고 미소 지으며 이렇게 말했다. "엄마도 알지? 할머니도 유방암에 걸리셨고, 베니스 이모도 걸리셨고, 루시 이모도 걸리셨어. 하지만 지금 다들 건강하시잖아. 엄마도 분명 괜찮을 거야." 와슈버거는 울고 말았다. 그리고 가족들은 서로를 꼭 안아주었다.

와슈버거에게 딸이 준 교훈을 삶에 어떻게 적용했느냐고 묻자 그녀는 이렇게 답했다. "스트레스가 심하고 슬픈 일이 생길 때면, 저는 다 괜찮을 거라고, 희망은 있다고 스스로를 다독여요. 낙천주의 덕분에 저는 정말 힘든 시기에도 앞으로 나갈 수 있답니다."

철없는 어른 되기

한 좋은 친구가 내게 매력적인 삶을 살고 있다고 이야기해주었다. 친구가 그렇게 말해준 건 아마도 내가 삶으로부터 무엇을 원하는지를 잘 드러내기 때문일 것이다. 나는 다른 사람들보다 특별히 뛰어난 사람이 아니다. 하지만 뒤돌아보니 내가 살면서 원하는 일들을 해낼 수 있었던 건 몇 가지 습관 덕분이었다. 이 중에 당신이 매력적인 삶을 만들어가는 데 도움이 될 만한 것이 단 하나라도 있다면, 부디 부담 갖지 말고 이용해주시기를 바란다.

- 나는 세상일에 한계가 없다고 생각하며, 따라서 실패보다는 성공에 집중한다.
- 나는 이루고자 하는 목표를 적어둔다.
- 나는 이루고자 하는 것을 마음속에 명확하게 그린다.
- 나는 그것을 다른 사람들과 공유하고 적극적으로 도움을 구한다.
- 나는 내 목표에 대한 긍정적인 믿음과 구체화된 비전을 갖는다.
- 나는 그 모든 일들이 쉽게 그리고 아름답게 이루어지리라고 믿는다.
- 나는 내 삶에 일어난 모든 일과 앞으로 다가올 모든 일에 감사한다.

그리고 마지막으로,

- 나는 그 누구도 내 생각을 깎아내리도록 내버려두지 않는다. 그들이 나의 성취에 대해 믿지 못한다는 것은 내 성취를 막지 못한다.

지금 당신은 삶에 어떤 한계를 부여하고 있는가? 그 일에 대한 태도를 "맞아, 하지만"에서 "맞아, 그리고"로 바꿀 수 있겠는가?

14 놀이

사람은 늙어서 더 이상 놀지 않는 것이 아니다.
더 이상 놀지 않기 때문에 늙는 것이다.

_올리버 웬델 홈즈, 의학자이자 시인

이 글을 쓰는 동안 슈퍼볼(미국 프로 미식축구 챔피언 결정전) 경기가 막 끝났다. 어떤 팀들이 경기를 했는지 말해줄 수도 있겠지만 사실 그건 중요하지 않다. 슈퍼볼은 매년 열리고, 한 팀이 이기면 다른 한 팀은 지게 마련이다.

경기가 끝난 후 텔레비전 속 선수들의 모습을 보면서 나는 깜짝 놀랐다. 진 팀 선수가 벤치에 앉아 슬프게 울고 있었다. 이기지 못해서 크게 실망한 것 같았다. 그러나 서로를 끌어안고 신이 나서 소리를 질러대며 요란하게 뛰어다니는 이긴 팀 선수들만큼이나 그에게도 축하해야 할 일들이 정말로 많다. 그의 팀은 수많은 경기에서 이기고 1년에 단 한 번 열리는 최고의 풋볼 결승전에 진출했지 않았는가. 진 팀 선수들 역시 재능과 힘, 불굴의 용기를 지닌 대단한 선수들임에 틀림없다. 그러나 그는 지금 거기에 앉아 울고 있었다. 한 팀이 이기면 다른 팀은 진다. 하지만 본질적으로는 두 팀 모두 이긴 것이나 다름없다. 슈퍼볼에 진출하기까지 두 팀 모두가 한 해 동안 내내 엄청난 경기를 해냈기 때문이다. 요즘은 프로 스포츠에서, 그리고 심지어 학생들 사이에 열리는 작은 리그에서도 운동 자체의 즐거움보다는 이기는 것을 지나치게 강조하고 있다.

아이들은 세상이 놀이터라는 사실을 알고 있지만 어른들은 그것을 까맣게 잊고 있다. 세상 모든 일이 사실은 즐거운 놀이로의 초대장이다. 아이들은 우리에게, 경쟁하지 않는 놀이도 재미있고 또한 보람 있다는 사실을 알려준다.

조던 레주완은 이렇게 말했다. "유치해져도 괜찮다! 어른이라고 해서 항상 어른답게 행동해야 하는 법은 없다. 성숙함은 지나치게 과대평가되고 있다. 삶을 그렇게 심각한 것으로 받아들여서는 안 된다. 기억하라. 모든 것은 순간적이고, 어느 순간 전부 연기처럼 사라져버릴 것이다. 그러므로 가끔은 당신도 아이처럼 행동하고 지금 이 순간을 즐겨야 한다."

놀이는 발견이다

놀이는 발견의 도구가 되기도 한다. 아이들은 그것을 알고 있다. 성인들 중 놀이를 발견의 도구로 삼은 훌륭한 사례로 노벨상 수상자 리처드 파인만을 들 수 있다. 그는 빛과 물질에 대한 혁신적인 이론을 수립했고, 당시의 과학적 통설을 깨고 우주선 챌린저호가 왜 폭발했는지를 밝혀냈다. 그는 아이와 같은 장난스러운 단순함으로 문제의 답을 증명했다. 얼음물이 담긴 잔에 고무고리를 빠뜨려 뒤틀어지는 모습을 보여주었던 것이다. 파인만은 평소에도 즐겁게 노는 것으로 유명했다. 그는 마크 트웨인 식의 유머를 섞어가며 이야기하기를 즐겼고, 봉고 드럼을

능숙하게 연주했으며, 정부가 인증한 물건이 실은 그렇게 튼튼하지 않다는 것을 보여주려고 재미로 금고 여는 법을 배우기도 했다. 파인만이 훌륭한 물리학자가 되는 데에는 즐겁게 탐구하는 그의 성격이 중요한 역할을 했다. 다른 과학자와 탐구자들 역시 아이와 같은 성격이 성공의 중요한 열쇠라고 말한다. 예를 들어, 아인슈타인은 아이 같은 순수함과 상상력이 중요하다고 강조했다. 인류학자 마거릿 미드는 이렇게 말했다고 한다. "나는 현명하게도, 절대로 어른이 되지 않으면서도 남들이 모두 내가 어른이라고 믿게끔 만들었다."

놀이는 이롭다

내가 놀이의 이점을 분명히 깨닫게 된 사건이 있다. 자원봉사로 세미나 참가자를 모집하는 일을 하고 있을 때였다. 수없이 전화를 걸고 수없이 거절당해야 하는 일이었다. 하지만 우리는 한 번도 거절당한다고 느끼지 않았다. 누군가에게 신청을 받기까지의 그 모든 과정을 하나의 게임이라고 여겼기 때문이었다. 우리는 전화로, 인간의 잠재능력을 알아보는 게임에 참여할 의사가 있느냐고 물었다. 그리고 어느 봉사자가 처음으로 참가자를 모집했을 때 우리 모두는 일어서서 기립박수를 치며 그를 축하해주었다. 재미를 더하기 위해 블루마블 게임판과 비슷한 모집 현황판을 만들어 벽에 붙여놓기도 했다.

많은 기업들 역시 직원들의 사기를 진작하고 고객들을 즐겁게 하기 위해 재미있는 게임이 얼마나 큰 가치가 있는지를 깨닫기 시작했다. 항공사 사우스웨스트 에어라인은 이런 일을 하기로 가장 유명한 기업이다. 이곳 승무원들은 가끔씩 두루마리휴지를 비행기 통로에서 굴린다. 그 휴지가 만약 당신의 좌석 앞에서 멈추면 당신은 선물을 받는다. 또 어떤 기업에서는 경영진에게 어린 시절 사진을 가져오라고 요청했다. 그 사진들을 게시판에 붙여놓은 다음 직원들에게 어떤 사진이 누구의 것인지를 맞춰보도록 했다. 사무실에 찾아온 손님들은 이런 질문을 받곤 했다. "벌거벗은 사장님 사진 한번 보실래요?"

밝은 분위기가 가지는 힘을 일깨워준 어느 세일즈맨의 어린 아들 이야기를 들어보자. 아빠가 출근 준비를 하고 있을 때 네 살짜리 아들은 아빠의 서류가방에서 서류를 모두 꺼내고 그 안에 '뿅망치'를 넣어두었다. 그날 오전에는 수백만 달러짜리 계약이 걸린 회의가 열릴 예정이었다. 다른 경쟁업체들도 참여하는 자리였기에 회의는 대단히 긴장감 넘치는 자리가 되리라고 예상하고 있었다.

거래를 성사시킬 수도, 놓쳐버릴 수도 있는 절체절명의 상황에서 세일즈맨은 보고를 하기 위해 서류가방을 열었다. 그런데 거기에는 아무것도 없고 뿅망치 하나가 들어 있을 뿐이었다. 어떻게 해야 할지 몰랐던(하지만 그 자리에 가만히 서 있을 수는 없고 뭐라도 해야 한다는 생각에 절박했던) 남자는 잠시 망설이다가 뿅망치를 꺼내서 자기 머리를 몇 번이나 때렸다. 그의 몸짓과 우스꽝스러운 소리 덕분에 장내에 가득하던 긴장이 풀어졌다. 그리고 자리에 앉은 모든 사람들이 웃기 시작했다. 그 웃음 덕분에 협상에 관련된 사람들은 좀 더 친밀해질 수 있었고 결국 계약도 성공적으로 이루어졌다고 한다. 게다가 그 회의는 아직도 사람들 사이에서 전설적인 사건으로 회자된다고 한다.

당신의 일에 어떻게 하면 약간의 재미를 더할 수 있을지 상상해보라. 예를 들면, 회사 주차장에 주차할 자리를 찾을 때 숨바꼭질 놀이를 한다고 상상해보라. 아니면 당신의 직함을 좀 더 재미있는 것으로 바꾸어보라. 매니저, 점원, 프런트 직원 같은 명칭에 안녕을 고하고, (프런트 직원을) 첫인상 감독관, (애플 스토어에서 일하는 서비스센터 직원을) 엄청난 천재, (미용사를) 머리치료사와 같은 재미난 이름으로 바꿔보자. 재미있지 않은가? 조금이라도 더 기운이 나고, 조금이라도 스트레스를 덜 받지 않을까? 좀 더 성취감을 느끼지 않을까? 매일 출근하는 발걸음이 조금은 가벼워지지 않을까?

놀이는 소통이다

아이 같은 행동은 때때로 메시지를 전달하기 위한 훌륭한 수단이 된다. 언젠가 일주일간의 명상수행에 참여한 적이 있었다. 거의 100명 가까이 되는 사람들이 하루에도 몇 번씩 커다란 강당에 모여 앉아 명상을 했다. 참가자들은 매일 새벽 여섯 시면 일어나 강당으로 모였고, 주어진 방석에 앉아 정해진 명상 스케줄을 시작했다.

모든 일정이 끝나기 바로 전날이었다. 강당에 들어온 우리 모두는 크게 놀라고 말았다. 그동안 사용하던 방석이 모두 사라져 있었던 것이다. 참가자들은 자기 자리가 어디인지를 찾지 못해서 우왕좌왕했다.

그날 저녁, 선생님은 우리에게 모든 것의 덧없음에 대해 이야기해주셨다. 그제야 우리는 그 아침의 사건을 이해할 수 있었다. 방석을 없애버림으로써 선생님은 우리에게 분명하고도 재미있는 가르침을 전해준 것이다. 지금도 그때의 가르침은 내 기억 속에 남아 있다.

놀이는 관계다

놀이는 나와 딸의 관계를 더욱 가깝게 만들어주었다. 우리는 자주 함께 웃는다. 그건 우리가 함께 노는 법을 알기 때문이라고 생각한다. 딸이 어렸을 때 우리는 함께 길을 걸어가면서 가짜 마이크를 들고 노래를 부르곤 했다. 지나가는 사람이 알 수 없는 외국어를 쓰면 우리는 방금 들은 말을 제멋대로 따라하면서 웃음을 터뜨렸다. 아이처럼 함께 놀다 보면 더욱 행복하고 건강한 관계가 찾아온다. 어느 정신과 의사는 함께 즐겁게 노는 연인이나 부부가 그렇지 않는 경우보다 훨씬 더 오랫동안 좋은 관계를 유지한다고 말한다. 그런 사람들은 일부러 시간을 내서 함께 재미있는 일을 하고, 서로를 재발견하는 기회로 삼는다.

놀이는 건강이다

건강에 관한 여러 권위자들은 놀이가 우리의 신체 건강에도 긍정적인 영향을 준다고 말한다. 어느 암 전문가에 따르면 놀이는 "삶에서 필수적이다. 놀이는 선택사항이 아니라 의무사항이다." 그는 환자들에게 스카프로 저글링하는 법을 가르친다. 굉장히 어려워 보이지만 막상 생각보다 배우기가 쉬워서 습득하고 나면 성취감이 상당히 크다. 하지만 이 활동을 하는 가장 중요한 이유는, 여러 개의 스카프를 하늘에 떠 있게 하려고 애쓰는 그 시간만큼은 자신이 앓고 있는 병에 대해 걱정할 필요가 없다는 것이다. 놀이는 우리가 삶에서 직면하는 여러 문제에서 벗어나도록 도와준다.

아주 어렸을 때 나는 할아버지께 피샤 파샤라는 간단한 카드 게임을 배웠다. 할아버지와 함께 이 게임을 하고 싶어서 늘 할아버지 댁에 가는 날을 기다렸다. 성인이 된 이후로는 한동안 해본 적이 없었는데, 한번은 배우자의 가족을 만나러 이스라엘에 갔을 때 우연히 피샤 파샤에 대한 이야기를 꺼내게 되었다. 그러자 갑자기 할머니가 얼굴을 환하게 밝히셨다. 할머니 역시 지난 몇 년 동안 못 해봤다며 함께 해보자고 말씀하셨다. 그리고 그날 이후 이스라엘에 머무르는 내내 우리는 매일 함께 피샤 파샤를 했다. 그리고 할머니가 게임을 하며 즐거운 시간을 보내는 순간만큼은 자신의 고통과 약에 대해, 그밖에 여러 문제들에 대해 완전히 잊어버리고 있다는 사실을 깨닫게 되었다.

나는 전에 쓴 여러 책을 통해 유머와 웃음이 상실을 견디기 위한 중요한 도구임을 강조해왔다. 하지만 놀이 역시 슬픔을 이겨내기 위한 유용한 도구가 된다는 사실은 생각하지 못하고 있었다. 그러다가 니나 레소비츠와 메리 베스 새먼스가 함께 쓴 『감사하는 삶』의 「슬픔의 한가운데에서: 놀이를 통해 감사를 찾는 법」이라는 장을 읽고서야 비로소 놀이의 힘을 깨닫게 되었다.

6년 동안 새먼스는 심각한 병을 앓고 계시는 부모님 때문에 힘겨운 시간을 보냈다. 그녀는 그 고단한 날들을 놀이 덕분에 이겨낼 수 있었다고 한다. "놀이는 내게 찾아온 모든 고통스러운 순간마다 부서진 마음을 털어내고 빛을 향해 나아갈 수 있는 길을 열어주었다. 놀이는 나의 의식을 고양시켰고, 나로 하여금 두려움을 벗어버리고 슬픔과 기쁨의 눈물을 흘리도록 해주었으며, 부모님 곁에서 보내는 소중한 순간들에 대한 깊은 감사와 희망을 갖도록 도와주었다." 새먼스는 이렇게 글을 이어간다. "나는 놀이를 의도적으로 찾아내지 않았다. 오히려 놀이는 우연히 찾아오곤 했다." 놀이는 네 살 된 손녀 라일리와 함께 하는 경우가 많았다. "부모님이 건강에 심각한 위기를 겪는 혼란스럽고 힘겨운 순간에 나는 잠시 자리를 빠져나가 라일리를 데리고 반스 앤 노블Barnes & Noble 서점에서 매주 열리는 동화 읽기에 참여했고, 멀리 쉐드Shedd 아쿠아리움까지 가서 돌고래쇼를 보기도 했으며, 시카고 식물원 분수에서 물장난을 하고, 공원으로 소풍을 갔다. 시카고에 얼음장 같은 찬바람이 불어 기온이 영하로 떨어질 때는 스케이트장으로 새로운 모험을 떠나기도 했다."

새먼스는 놀이를 통해 세상을 바라보는 자신의 시각이 바뀌었음을 알게 됐다. "맨발로 정원 분수를 뛰어다니고, 돌고래가 공중으로 점프해서 몸을 빙그르르 돌리는 모습을 보며 깜짝 놀라고, '멋쟁이 낸시 Fancy Nancy(미국에서 큰 인기를 얻은 어린이 캐릭터)'가 선생님에게 벌인 우스꽝스러운 장난에 대한 이야기를 듣다 보면 슬픔과 걱정에 빠져 있는 나의 일부가 사라져버리는 것만 같았다. 그리고 그 빈자리는 놀이에서 되찾은 삶의 즐거움으로 다시금 채워졌다."

놀이는 생존이다

미국 놀이연구소의 설립자 스튜어트 브라운 박사는 놀이가 생존과 직접적으로 연관되어 있다고 믿는다. 따라서 성인이 된 우리가 더 이상 놀지 않으면, 또는 너무 적게 놀면 안 좋은 결과를 초래할 수 있다고 한다. 브라운 박사는 찰스 휘트먼이 이를 증명하는 명백한 사례라고 주장한다. 휘트먼은 텍사스 대학교 오스틴 캠퍼스에서 열다섯 명을 살해하고 서른한 명에게 부상을 입혔으며, 그 전날 밤에는 자신의 아내와 어머니를 살해한 인물이다.

과연 무엇이 이런 광란의 살인을 일으켰는지에 대해 심도 깊은 조사를 벌인 결과, 휘트먼의 아버지가 어머니를 과도하게 통제하고 학대

했다는 사실이 밝혀졌다. 하지만 휘트먼의 삶을 잠시라도 스쳐간 모든 사람들과 대대적인 인터뷰를 벌인 결과 브라운 박사는 더욱 놀라운 사실을 알게 됐다. 휘트먼이 어린 시절부터 거의 놀이를 하지 않았으며, 이는 그가 사이코패스로 자라나는 데 중요한 역할을 했다는 것이었다.

물론 오랫동안 놀이를 하지 않는다고 해서 모든 사람이 휘트먼과 같은 행동을 벌이는 것은 아니다. 하지만 그의 사례를 통해 우리는 삶에서 놀이가 사라졌을 때 무슨 일이 벌어질 것인가에 대한 중요한 시사점을 얻을 수 있다.

큰 인기를 끌었던 드라마 <매시M*A*S*H>는 삶의 고통에 대응하고 살아남기 위한 기제로서 놀이의 유용함을 보여주는 훌륭한 사례다. 알란 알다가 연기한 호크아이 피어스 대령은 한국전쟁이라는 극한의 상황에서 부상자와 병자들을 보살피는 힘든 책무를 맡고 있다. 그는 아픈 이들을 돌보기 위해 최선을 다하면서도 놀이를 손에서 놓지 않는다. 그는 죽음과 상실의 한가운데에서도 즐거움을 추구함으로써 건강을 유지하고, 결국 생존한다.

생존을 위한 수단으로 놀이를 이용한 또 하나의 사례로 영화 <인생은 아름다워>를 들 수 있다. 이 이야기에는 아이도 등장한다. 여러 영화제에서 극찬을 받은 이 영화는 나치 강제수용소에서 어린 아들과 함께 지내는 어느 서점 주인의 이야기를 들려준다. 그는 수용소에서의 끔찍한 일들로부터 아이를 보호하기 위해 상상력을 발휘하고, 시련을 이겨내기 위해 재미있는 게임을 만들어내기도 한다.

물론 강제수용소 안에서 신이 나서 뛰어다닌다는 것이 터무니없게 느껴질 수도 있다. 하지만 영화 내용의 일부는 감독이자 주연배우인 로베르토 베니니의 가족이 직접 겪은 일을 각색한 것이라고 한다. 베니니 감독의 아버지는 강제수용소에서 3년을 지내고 살아 돌아왔다. 놀이는 최소한 부분적으로라도 그가 생존할 수 있었던 이유였다.

철없는 어른 되기

과거 나의 아내에게는 놀이에 관한 한 가지 이론이 있었다. 우리 모두가 어린 시절을 다시 경험하지만 반드시 시간 순서에 따르는 것은 아니라는 믿음이었다. 이제 지난 삶을 되돌아보며 나는 아내가 옳았다는 생각을 한다.

어린 시절 나는 운동에는 영 소질이 없었다. 잘하지 못하는 수준이 아니라, 정말 정말 못했다. 공을 잡을 수도, 칠 수도 없었다. 운동을 그렇게 못하다 보니 친구들과 게임을 하려고 팀을 짤 때면 늘 마지막으로 뽑히곤 했다. 그러다 보면 보통 못하는 팀에 속하기 마련이었고, 결국 게임에서도 늘 패배했다. 나는 지는 것이 정말 싫었다. 그래서 내 에너지를 다른 곳에, 예를 들면 예술이나 연극에 쏟기로 했다. 이런 활동을 통해서 나는 늘 놀이가 부족했던 나의 어린 시절을 보상할 수 있었다. CBS방송국에서 나는 "엉뚱 대마왕"이라고 불렸다. 내가 CBS의 어린이 방송에서 쓸 엉뚱한 무대들을 전부 설계했기 때문이었다. 텔레비전 프로그램의 무대를 디자인하는 직업은 굉장히 압박감이 심한 일이었지만 나는 사실 페인트와 미니어처 모형을 가지고 실제가 아닌 것을 실제처럼 보이게 하거나, 때로는 실제인 것을 실제가 아닌 것처럼 만들며 창의적인 놀이를 하고 있었다.

나는 이제 더 이상 무대 설계자가 아니지만 여전히 놀이를 한다. 세계 유일의 "재미전문가"로서 나는 미국 전역의 사람들에게 어떻게 하면 더 많이 웃을 수 있는지, 어떻게 하면 더 재미있게 놀 수 있는지를 가르친다. 어린 시절 내게 부족했던 놀이가 성인이 된 나의 삶에서는 아주 중요한 일부를 차지하고 있다.

아내에게는 놀이에 대한 이론이 하나 더 있었다. 그녀는 우리 모두가 놀기 위해 세상에 태어났다고 믿었다. 결국에는 관계라는 것도 역시, '우리가 서로 어떻게 상호작용을 하며 놀 것인가'에 관한 것이 아닐까? 그리고 삶은 사실 우리가 즐기고 있는 하나의 게임이 아니던가? 만약 삶이 실제로 하나의 게임이라면, 그리고 우리 모두가 그 게임을 하고 있다면, 이제는 당신도 즐길 때가 되지 않았을까?

아이들에게는 놀기 위한 핑계가 필요치 않다. 하지만 만약 놀 핑계를 찾고 있다면 당신은 아마 특별한 날을 기다리고 있을지도 모른다. 그중에는 핼러윈데이와 만우절처럼 모든 사람들이 즐기는 날도 있지만, 우리의 축하를 기다리는 다른 소소한 기념일도 아주 많다. 예를 들어 2월 13일은 '이름 바꾸는 날', 4월 2일은 '사랑의 날', 11월 4일은 '피넛버

터를 사랑하는 사람들의 날'이다. 물론 마음에 드는 기념일이 없다면 당신만의 특별한 날을 만들어도 좋다. 키우는 금붕어의 생일을 축하해도 좋고, 직장에 새 커피기계가 들어온 날이나 투덜대는 이웃이 이사 간 날을 기념해도 된다.

스트레스 전문가이자 웃기는 여성인 로레타 라로쉐는 당신에게 이렇게 제안한다. "줄을 서서 기다리는 동안 투덜거리는 대신 즐기세요. 그러면 삶은 훨씬 수월해지고 주변 모든 것이 유쾌한 에너지로 둘러싸여 모두가 행복해집니다. 가게 점원에게 농담을 던져보세요. 쿠폰을 두 배로 줄지도 모르니까요."

15 깨어 있음

아이들이 엄청난 에너지와 열정을 뿜어내는 이유는 아마도 항상 지금 이 순간에 존재하기 때문인지 모른다. 아이들은 방황하는 마음과 부정적인 감정으로 스스로를 좀먹는 법이 없다.

_엠마 세팔라, 《정신과 건강Spirituality & Health》 중에서

어느 날 내 친구 TJ 우드워드가 샌프란시스코에서 전철을 타고 가다가 겪은 일이다. "축구복을 입은 예닐곱 살쯤 되어 보이는 아이가 엄마와 함께 서 있었어요. 근처에 앉은 한 여성이 아이에게 물었죠. '얘야, 오늘 무슨 일 있니?' 그러자 아이가 말했어요. '지금 전철 타고 있어요.' 그러자 여성은 '그게 아니라, 지금 어디에 가는 거야?'라고 다시 물었죠. 그러자 아이는 '아뇨. 그냥 전철 타는 거예요'라고 대답했어요. 여성은 같은 질문을 네댓 가지 다른 방식으로 물었지만 아이의 대답은 한결같았어요. '지금 전철 타고 있어요'라고. 그리고 마침내 그 여성은 깨달았어요. 아이는 중요한 건 지금 이 순간뿐이라는 사실을 아주 심오한 방식으로 말해주고 있었다는 걸요. (물론, 그냥 포기해버린 걸 수도 있어요.) 우리에게는 순간의 가치를 이해하는 능력이 있음을 알려준 아름다운 사건이었어요."

엠마 세팔라 박사는 《정신과 건강》이라는 잡지에 기고한 글에서 이렇게 썼다. "성인들은 지금 이 순간에도 주어진 시간의 50퍼센트 정도만을 쓴다. 동물들과 달리 인간의 정신은 그 절반 정도를 방황하느라 허비한다." 하버드 대학교에서 5,000명의 사람들을 대상으로 벌인 연구 결과에 따르면 "방황하는 정신은 불행한 정신이다. 기분 좋은 일이든 불쾌한 일이든, 정신이 방황하는 순간에 우리는 덜 행복한 경향을 보인다. 당신도 휴가지에서 개인적인 다른 문제에 대해 고민하느라 휴가를 제대로 즐기지 못했던 경험이 있을 것이다. 과거에 머물러 있는 동안 우리의 정신은 분노나 후회 같은 부정적인 감정에 지배당하는 경우가 많다. 그리고 미래를 떠도는 동안에는 걱정과 불안이 밀려든다. 심지어 불쾌한 활동을 하면서 행복했던 과거의 기억을 떠올리는 경우라 해도 우리는 더 행복해지지 않는다. 대청소처럼 하기 싫은 집안일을 해야 했던 때를 떠올려보라. 일단 청소를 시작하고 나면 갑자기 샘솟는 열정으로 청소에 빠져들어서 원래 계획했던 것보다 더 구석구석을 쓸고 닦게 된다. 지금 주어진 일에 완전히 빠져들면 당신의 마음은 행복감과 에너지로 가득해진다."

아이들이 늘 즐거워 보이는 것도 아마 이런 이유 때문일 것이다. 아이들은 대부분의 시간 동안 현재를 살아가기 때문이다. 철학자 라 브뤼에르는 이렇게 말했다. "아이들에게는 과거도 미래도 없다. 우리 어른들에게는 거의 일어나지 않는 일이지만, 아이들은 항상 현재 속에서 큰 기쁨을 느낀다."

녹아버리기 전에

친구 패디 셀윈에게 두 아이로부터 배운 가장 중요한 교훈이 무엇이냐고 묻자 그는 이렇게 대답했다. "지금 이 순간에 몰입하는 것이라고 생각해요. 아이들은 정말 순간을 살아요. 어제 무슨 일이 있었는지에 대해 이야기하는 것에는 별 관심이 없죠. 먼 미래에 무슨 일이 일어날 것인지는 알고 싶어 하지도 않아요. 5분 뒤에 혼날 거라고 애들한테 아무리 경고해보세요. 들은 척도 안 할 걸요."

나는 셸윈에게 다시 물었다. "아이들이 어떻게 그런 교훈을 가르쳐준 거죠? 애들이 뭐라고 말했기에? 그렇게 느낀 특별한 계기가 있었나요?" 그러자 셸윈은 대답했다. "딱 알맞은 사례는 못 찾겠지만, 가끔씩 내가 현재에 완전히 몰입할 때 아이들이 보여주는 분위기가 있거든요. 예를 들어, 재택근무를 하다가 가끔 쉴 때면 아이들 방에 가서 같이 게임을 하거나 이런저런 놀이를 해요. 그러다가 전화나 팩스 소리가 울리면 저는 이렇게 말하죠. '엄마 금방 다시 올게. 잠깐 두고 가서 전화 받아야 해.'

그러면, 내가 진심으로 함께 시간을 보낼 때 아이들이 보여주던 반짝이는 눈빛과 신나는 표정, 한껏 고조된 활기는 금세 실망스러운 표정으로 바뀌고 말죠. 그걸 보면서 지금 이 순간에 완전히 몰입하는 것이 얼마나 중요한 일인지 알 수 있었어요."

나의 또 다른 친구이자 『매일 더 좋은 날』의 저자이기도 한 도로시 빌헬름은 아들에게서 현재를 망쳐버리지 않고 온전히 즐기는 법을 배웠다고 한다.

내 아들이 항공부대 복장을 갖춰 입고 첫 번째 단독비행에 나서기 위해 집을 떠날 준비를 하고 있었다. 나는 걱정 때문에 거의 제정신이 아니었고, 이탈리아 엄마답게 이런 감정들을 아주 강렬하게 표현했다. 아니, 열여섯 살밖에 안 된 아이가 도대체 어떻게 비행기를 조종한단 말인가? 심지어 아이는 운전면허도 따지 못한 상태였다. 그나마 땅에 붙어서 가는 자동차조차 운전하지 못하면서, 그야말로 어디든지 갈 수 있는 비행기를 운전할 수 있다는 게 말이 되는가?

아들 로스는 장황한 나의 연설을 아무 대답 없이 들으며 서류를 살펴보고 비행모자를 눌러쓴 다음 문을 향해 걸어갔다. "네 맘대로 해!" 나는 분노에 차 소리를 지르며 최후의 무기를 꺼내 들었다. "하지만 기억해라. 네가 가 있는 동안 나는 매순간 네 걱정을 할 거야."

그러자 아이는 즉시 걸음을 멈추더니 나를 돌아보았다. "엄마." 아이가 말했다. "내 첫 비행을 망치지 말아주세요. 비행에 집중해야 하는 순간에 걱정하고 있을 엄마 생각에 마음이 흐트러지면 어떡해요." 나는 말문이 막혔다. 비행사에게 집중을 깨뜨린다는 건 치명적인 일이었다. 결국 아이는 단독비행을 해냈다. 아이가 미국 해군 항공모함 엔터프라이즈 호의 갑판에서 해군 전투기를 출격시킬 때 나는 그가 자신이 해야 할 일을 하고 있으며, 내 걱정은 아이를 망설이게 만들 뿐이고, 심지어 위험에 빠뜨릴 수도 있다는 사실을 기억하며 걱정을 잠재우곤 했다. "망치지 말아주세요, 엄마." 나는 늘 이 말을 기억했다. 그건 확실히 도움이 됐다.

아이들은 어른들처럼 과거와 미래를 걱정하는 법이 없다. 삶을 더욱 즐기기 위해서는 아이들처럼 우리도 현재에 좀 더 집중해야 한다. 물론 아이들은 돈 걱정을 할 필요도 없고, 잔소리를 늘어놓는 직장상사도 없으며, 나이가 들면서 찾아오는 각종 통증과 질병도 없다. 그렇다고 해도 우리는 과거에 대한 갈망과 미래에 대한 걱정으로 소중한 시간을 너무 많이 낭비하고, 현재가 가져다주는 즐거움을 무시해버린다. 좋았던 옛 시절은 이미 낡아버린 과거일 뿐이다. 과거는 지나갔고, 미래는 아직 오지 않았다. 우리에게 정말로 주어진 건 지금 이 순간뿐이다.

손턴 와일더가 쓴 불멸의 명작 『위기일발the Skin of Our Teeth』에 등장하는 한 여성은 공룡의 출현과 전염병, 빙하, 여러 번의 전쟁이라는 참혹한 현실 속에서 간신히 살아남는다. 그녀는 인류가 계속해서 살아가야 하는 이유를 도무지 이해하지 못하면서도 끝내는 우리에게 현명한 조언을 남긴다. 거기에 의문을 제기하기보다는 지금 접시 위에 놓인 아이스크림을 그저 즐기라고 말이다. 삶은 정말이지 아이스크림과 같다. 녹아버리기 전에 바로 지금, 바로 여기에서 즐겨야만 한다. 아이들은 늘 그렇게 한다.

새처럼 자유롭게

부다이모니아닷컴Buddhaimonia.com의 창립자 맷 밸런타인은 두 살과 네 살인 두 아들에 대해 이렇게 말한다. "나는 아이들에게서 많은 것을 배웠지만, 그 대부분은 아이들이 아직 너무나 어리기 때문에 줄 수 있는 교훈이다. 그들에게는 부정적인 성향을 체득할 시간이 아직 없었다. 아이들은 대부분 현재를 즐기며 살아가지만, 그 역시도 아이들에게 아직 과거의 경험이 많지 않고, 미래에 대한 개념이 잘 잡혀 있지 않기 때문일 것이다. 그렇다고 하더라도 아이들이 지금 이 순간에 몰입하여 살아가고 있다는 것만은 분명한 사실이고, 아이들이 어른들보다 훨씬 행복한 가장 중요한 이유도 바로 그것이다."

지금을 산다는 것은 무엇이든 지금 가진 것에 만족한다는 의미이고, 아이들은 자연스럽게 그런 성향을 지닌다. 그러나 텔레비전 광고는 행복해지려면 그 모든 것들을 갖추어야만 한다고 끊임없이 우리를 충동질한다. 하지만 일단의 경제학자가 진행한 행복에 관한 연구 결과에 따르면, 무엇을 소유하느냐는 우리를 행복하게 해주지 못한다. 우리를 행복하게 하는 건 소유한 대상을 얼마나 좋아하느냐이다.

밸런타인은 이렇게 말한다. "아이들이 왜 그렇게 행복한가에 대해 생각을 많이 했다. 그 결과 내가 수행을 하면서 발견했던 진실을 아이들에게서 엿보았다. 아이들은 그 어떤 것에도 큰 애착을 보이지 않는다. 아이들에게는 꿈도, 목표도, 기대도 없다. 물론 특정 대상에 대해서 애착이 생길 수도 있지만, 그것이 사라진다고 해도, 마치 처음부터 존재하지 않았던 것처럼 금세 극복해낸다. 아이들은 아직 특정한 대상에 애착을 갖는 법을 제대로 배우지 못했고, 따라서 어른들이 보이는 전형적인 애착을 아이들에게서는 거의 찾아보기 힘들다. 그리고 그 결과 그들은 새들처럼 자유롭다."

무슨 일이 있더라도

오래된 격언이 하나 있다. "어제는 가버렸고, 미래는 아직 오지 않았으며, 현재만이 존재한다"라는 말이다. 어른들은 자주 잊어버리지만 아이들은 그렇지 않다. 아이들은 무슨 일이 있든 늘 순간을 즐긴다. 심지어 아플 때에도 아이들은 현재를 산다. 기분이 좋지 않으면 아이들은 잠시 쉬어간다. 그러다가 조금 나아지면 다시 아이 본연의 모습으로 돌아간다. 신나게 노는 것이다.

유머작가 어마 봄벡은 암을 앓고 있는 아이들에 대해 글을 썼다. 그녀에 따르면, 아이들은 극한의 고통 속에서도 어떻게든 재밋거리를 찾아낸다고 한다. 심지어 살아갈 날이 아주 조금밖에 남지 않은 상황에서도 아이들은 낙관적이다. 다리가 하나밖에 없다? 문제없다. 아이들은 한 다리로 물웅덩이에 뛰어든다. 대머리? 문제없다. 아이들은 거울을 들여다보면서 반항적으로 혓바닥을 내민다. 휠체어에 앉아 있다? 역시 문제없다. 아이들은 휠체어에 앉은 다른 친구를 찾아내서 경주를 벌인다.

당신에게 지금 무슨 일이 벌어지고 있더라도, 당신에게는 아이들처럼 그것을 잠시 밀어두고 삶을 즐길 수 있는 힘이 있다. 한 여성은 남편이 사고로 세상을 떠난 뒤 어린 아들을 보며 이런 교훈을 얻었고, 마침내 다시 삶을 즐길 수 있게 되었다고 한다. 막 10개월 된 작은 아이가 벌거벗은 채 울타리 뒤에 숨어서 엄마가 자신을 못 볼 거라고 생각하며 무척이나 즐거워했다. 바로 그 순간 그녀는 절대 이 아이를 침통함 속에서 키울 수는 없다는 사실을 깨달았다. "저는 삶을 즐겁게 만드는 것들을 찾기로 했어요. 즐겁게 노는 아이를 보며, 우리가 무슨 일을 겪었든, 그 어떤 것을 잃었든 여전히 즐거움을 찾을 수 있다는 사실을 깨달았으니까요."

아이는 그녀의 눈물을 웃음으로 바꾸어주기도 했다. 그녀가 울고 있을 때면 아이는 화장실로 코딱지만 한 휴지조각을 하나씩 들고 와서 계속 눈물을 닦아주었다고 한다.

내려놓고 만족하기

카일리 화이트는 두 살 된 아이의 엄마로 호주에서 사업체를 운영하고 있다. 그녀가 아이에게 배운 교훈 중 한 가지는 내려놓기에 관한 것이다. "그렇게 완벽하지 않아도 괜찮아요. 집안일을 전부 다 해내지 못해도, 저녁식사를 근사하게 차려내지 못해도, 심지어는 일을 다 해내지 못해도 괜찮아요. 정말 중요한 건 당신이 아이와, 가족과 함께 보내는 소중한 시간이에요. 당신과 아이의 기억 속에 가장 깊이 남는 건 함께 보낸 즐거운 시간이에요. 나는 이 사실을 엄마로서 보낸 첫 해에 깨달았어요. 모든 일을 다 해내려고 아무리 애를 써도 결국 나는 아이에게로 되돌아오곤 했죠. 마치 얼마 이상 늘어나지 못하는 고무줄 같았어요. 내려놓기의 기술을 배우고 나서야 모든 것이 수월해졌답니다."

내 친구이자 엄마이며 인재개발업체 트레이닝 시스템스Training Systems를 운영하고 있는 캐럴린 톰슨 역시 열세 살 아들에게서 내려놓기에 대해 배웠다고 한다. 그녀의 이야기를 들어보자.

6 대 4로 우리 팀이 이기고 있다. 9회 말 주자는 1, 2루에 나가 있고 마지막 타자만이 남아 있다. 현재 볼카운트는 3볼, 2스트라이크이며 투수는 내 아들 케빈이다. 케빈은 있는 힘껏 공을 던져보지만, 타자는 멋지게 공을 쳐낸다. 세 명의 타자가 모두 홈으로 들어오고 상대팀이 승리를 거둔다. 상대팀 선수들은 운동장으로 뛰어나와 펄쩍펄쩍 뛰며 기뻐한다. 상대팀 관중석에는 소리를 지르며 박수를 치고 펄쩍펄쩍 뛰는 부모들로 가득하다. 우리 팀 선수들은 운동장을 가로질러 마운드에 서 있는 케빈을 지나쳐 간다. 마치 서로 다른 강물 속을 흘러가는 모래처럼 그저 걸어갈 뿐 서로에게, 그리고 케빈에게 아무런 말도 던지지 않는다. 아이를 바라보는 내 마음은 너무나 아프다. 이번 달에 내가 직장에서 수없이 겪은 비슷한 일들이 떠오른다.

나는 맞춤형 인재교육회사에서 마케팅과 영업을 담당하고 있으며, 나에게도 내 몫으로 주어지는 온갖 실망스러운 일들이 있다. 프로젝트를 따내지 못했을 때, 영업회의에서 잠재적 고객들로부터 '당신들에게 맡기고 싶군요'라는 표정을 이끌어내지 못했을 때, 내가 세운 방침이 생각보다 들어맞지 않았을 때가 그렇다. 실망스러운 회의를 마치고 집으로 돌아갈 때, 또는 다른 회사가 좀 더 조건에 맞는다는 전화나 이메일을 받고 집에 돌아갈 때 나는 '앞으로도 절대 일에 대한 자신감을 가질 수는 없을 거야'라는 생각에 스스로가 가여워진다.

반면에 케빈은 고개를 들고, 그래, 빳빳이 들지는 않았지만 적어도 푹 숙이지는 않고 평소대로 운동장을 느리게 가로질러 차에 올라탄다. 우리는 몇 마디 말을 나누고 집으로 돌아간다. 그러고 나면, 마치 기적처럼 아이는 숙제를 하고, 트럼펫을 연주하고, 저녁식사 준비를 돕고, 마치 아무 일이 없었던 것처럼 가족들과 이야기를 나누며 저녁식사를 한다!

제안서가 거절당해서 특히 기분이 좋지 않았던 어느 날 문득 그런 생각이 들었다. '왜 나는 그렇게 안 되지? 일을 망쳐버린 내 모습을 계속해서 떠올리고 또 떠올리는 대신, 그저 무슨 일이 벌어진 건지 잠시 동안 생각해본 다음 가볍게 털고 일어나는 일이 왜 나는 안 되는 걸까?'

이제 나는 여러분들에게 자랑스럽게 말할 수 있다. 케빈의 행동으로부터 교훈을 얻은 나는, 스무 해가 넘는 지난날들 동안 일의 결과가 만족스럽지 않을 때마다 아이의 용기를 다시금 떠올리며 털고 일어나, 앞으로 나아갈 수 있는 마음의 평정을 되찾게 되었다.

몇 해 전 함께 공부했던 나의 영적 스승님은 내게 큰 교훈을 하나 주셨다. 그분의 말을 빌리자면, “당신에게 없는 것을 바라는 건 지금 당신이 가진 것을 낭비하는 일이다. 그러므로 만족하라.” 현재에 만족하는 삶의 태도는, 아이들처럼 지금 이 순간을 살아가라는 교훈과 밀접하게 연관되어 있다. 현재를 살아가는 사람은 과거에 이미 일어난 일을 돌아보지 않고, 미래에 일어날 일을 걱정하지도 않기 때문에 현재에 만족한다. 지금 어떤 것을 가졌든 바로 거기에 만족하는 것이다.

미니멀리즘에 관한 블로그를 운영하는 조슈아 베커 역시 두 아이로부터 만족에 대한 교훈을 얻었다. “몇 달 전 우리는 여섯 살이 된 아이의 장난감을 모두 방에서 꺼내어 남는 방에 넣어두었다. 아이가 하도 장난감을 정리하지 않아서 (말썽을 부리지 않는다는 전제하에) 일주일에 하나씩만 원하는 장난감을 돌려주고, 적은 수의 장난감만을 가지고 놀게 하겠다는 심산이었다. 그런데 두 달 하고도 반이 지난 지금까지, 놀랍게도 아이는 겨우 한 개만을 돌려달라고 했다! 그 모든 장난감이 사실은 필요 없는 것들이었다니. 정말 놀랍지 않은가!”

지금 가진 것들에 만족하라는 이 중요한 교훈을 베커는 다른 아들에게서도 배울 수 있었다. “아이의 유치원 가방이 2년 정도 되자 상당히 꼬질꼬질해졌다. 어디가 찢어진 건 아니지만 세탁이 절실히 필요해 보이는 상태였다. 나는 아들이 재밌는 캐릭터가 그려진 가방을 갖고 싶어 할 거라고 생각하며, '새 가방을 사줄까?' 하고 물어보았다. 아이는 이렇게 대답했다. '새 가방 필요 없어요. 벌써 하나 있잖아요.' 이럴 수가! 정말 맞는 말이었다. 이미 하나가 있고, 그것만으로도 완벽하게 충분한데 도대체 왜 하나를 더 사야 한단 말인가. 나는 새로운 물건을 구매하고자 할 때 이 말을 자주 떠올린다. 네 살짜리 아이가 내게 나눠준 지혜다."

베커는 이렇게 덧붙인다. "언젠가 이런 말을 들은 적이 있다. '너무 많은 물건을 갖는 데에는 늘 위험이 따른다. 시계가 두 개인 사람은 지금이 정확히 몇 시인지를 결코 확신할 수 없다. 반면에 시계가 하나뿐인 사람은 언제나 몇 시인지를 안다.' 점점 나이가 들고, 오늘날 우리가 살아가는 세상과 사람들, 그리고 사람들이 가지는 소유물에 대한 애착을 지켜보다 보면, 나는 가진 것이 적다는 사실에 더욱 감사하게 된다. 나는 '물건'의 노예로 살고 있지 않기 때문이다."

자신에게 만족하라

내 친구 마이크 로빈스는 『자기 자신이 되어라. 다른 모든 사람은 이미 주인이 있다』라는 재미있는 제목의 책을 썼다. 바로 진정한 자신이 되는 법에 관한 책이다.

스테파니 카노비츠가 자녀들로부터 얻은 교훈도 바로 이것이었다고 한다. '당신이 어떤 사람이든 있는 그대로 받아들이고 자기 자신이 되라'는 것이다. 물론 자기 자신이 되기 위해 내가 좋아하지 않는 내 모습을 외면할 필요는 없다. 카노비츠에 따르면, "살아가면서 우리는 종종 남들이 우리를 어떻게 생각할지에 대한 걱정에 사로잡힌다. 가장 좋아 보이는 가면을 쓰고 있다가, 어느 순간 진심이 드러나 보이기 시작하면 어떻게든 감추려고 애를 쓴다. 물론 공공장소에서 과도하게 짜증을 내거나 구슬프게 울어야 한다는 뜻은 아니다. 하지만 아이들은 피곤하거나 유난히 짜증이 나는 날이면 그 감정을 숨기지 않고, 대부분의 사람들도 아이들의 감정을 과도하게 비판하지 않는다. 반면 어른들에 대해서라면, 그저 유난히 힘든 날을 보내고 있는 사람들마저도 무례하다거나 한심하다고 매도하며 밀어내버리곤 한다."

우리는 우리 자신의 모습을 존중해주고 받아들여야만 한다. 그래야 다른 누군가로 살아가려 한다거나 스스로에게 끝없이 화를 내지 않고 현재를 살아갈 수 있다. 자기 자신으로서 존재하는 것, 다른 누구와도 다른 존재가 되는 것이 우리를 특별한 존재로 만든다. 만약 모든 사람이 똑같다면 세상이 얼마나 지루하겠는가?

겉으로는 똑같아 보이는 쌍둥이들조차도 아주 다른 경우가 많다. 몇 년 전 나의 개인운동 강사 피터의 아내가 쌍둥이를 출산했다. 아이들이 한 살이 되어갈 무렵 나는 피터에게 첫 해 동안 아이들에게서 무엇을 배웠냐고 물었다. 그는, 모든 사람이 서로 다르다는 사실을 배웠다고 말한다.

쌍둥이들은 같은 엄마아빠에게서 태어났고 별자리도 똑같고 같은 환경에서 자랐음에도 성격만큼은 완전히 달랐다고 한다. 한 아이는 방에 장난감 한두 개와 함께 남겨졌을 때도 누가 있든 없든 상관하지 않고 몇 시간이고 재미있게 놀았지만, 다른 아이는 잠시 장난감을 가지고 노는 듯하다가도 곧 주변을 두리번거리며 누군가의 허락을 받으려고 했다.

둘 중 어느 것이 특별히 좋거나 나쁜 것은 아니며, 두 아이는 각자 다른 방식으로 상황을 다룰 뿐이다. 그 방식은 저마다 독특하고 멋지다.

속도를 늦춰라

웹사이트 Brainpickings.org를 운영하는 마리아 포포바는 아그네스 마틴이라는 예술가에 대해 글을 쓴 바 있다. 마틴은 그 글에서 아이들과 창의성에 대한 생각을 이렇게 표현했다. "흙더미 위에서 아이들은 어떤 경험을 하는가? 아마 갑자기 행복해하며 흙 속을 뒹굴고 자유를 느끼고 웃고 뛰고 넘어질 것이다. 그 순간 아이의 얼굴은 무엇보다도 환하게 빛난다." 마틴에 따르면 어른들 역시 아이처럼 영감에 휩싸이는 순간이 있다. 하지만 그들은 "늘 열심히 달려야 한다고 배운 탓에 항상 너무 바쁘다. 열심히 달리면서는 영감에 집중할 수가 없다."

다시 말하면 우리는 조금 속도를 늦추고 현재를 살아야만 주변에 존재하는 사물들로부터 영감을 얻을 수 있다. 하지만 오늘날에는 멀티태스킹이 하나의 규범이 되어버린 것 같다. 그러나 한 번에 여러 가지 일을 하려고 하거나 서둘러서 처리하려고 하면, 우리는 결코 그 일을 즐길 수 없게 된다.

아만다 지그몬드는 가정주부이자 사업체를 운영하는 엄마로 세 딸들을 관찰하던 중 이 사실을 깨달았다고 한다. 아이들이 지그몬드에게 가르쳐준 한 가지 교훈은 바로 속도를 늦추라는 것이었다.

"딸아이가 막 걸음마를 배우고 있을 때쯤에 모래 한 줌을 움켜잡은 적이 있어요. 모래가 손가락 사이로 빠져나간다는 사실을 깨닫고 아이의 온 신경이 곧바로 모래에 집중되었죠. 아이는 떨어지는 모래에 경탄하며 다시 한 번 모래를 움켜잡았어요. 아마 5분 정도는 계속했을 거예요. 저는 모든 것이 아이에게는 새롭다는 사실을 새삼 깨달았지요. 아이는 새로운 경험에 완전히 몰입했기 때문에 모래의 경이로움을 발견할 수 있었어요. 모래가 손가락 사이로 빠져나가는 느낌, 볼에 닿는 바람, 바위의 거친 느낌 등 그 모든 느낌을 아이는 계속해서 지각하고 있었던 거예요. 그 뒤로 저 역시 반복되는 일상을 서둘러서 처리하지 않으려고 의식적으로 노력했어요. 그 결과 모든 것들을 훨씬 더 즐길 수 있게 되었죠."

현재를 살아가기 위해 해볼 수 있는 아주 단순한 활동이 두 가지 있다. 첫 번째는 숨 쉬는 것을 기억하는 것이다. 물론 숨쉬기는 자동적으로 이루어지므로 굳이 기억할 필요가 없다. 하지만 당신이 지금 이 순간에 존재함을 기억하기 위해서 잠시 멈추어 당신의 호흡에 집중해보라. 먼저 천천히 집중하여 숨을 들이마신다. 그리고 다시 집중하여 느리게 숨을 내쉰다. 그리고 또 다시 온 마음을 다해 숨을 들이마신다. 이런 과정을 정신이 집중될 때까지 계속한다.

굉장히 단순한 행위이지만 불안할 때마다 나를 안정시켜주고 내 마음을 지금 이 순간으로 다시 데려다주는 수행법이다. 다른 외부의 상황이 아니라, 나의 생이 건강하게 유지되고 있음에 집중하기 때문이다.

두 번째로는, 어떤 일이든 의식적으로 하도록 스스로를 끊임없이 일깨우는 것이다. 예를 들어, 설거지와 같은 사소한 일을 할 때도 의식적으로 지금 하고 있는 일에 정신을 집중한다. 비누거품의 향기를 맡아보고, 뜨거운 물의 감촉을 느끼고, 접시의 색깔을 바라보고, 물이 싱크대로 흘러내려갈 때 만들어지는 모양을 보고, 물의 소리를 듣는다.

16 모험

너무 소심하거나 예민하게 행동하지 말라. 삶은 실험이다.
실험은 많이 하면 할수록 더 좋다.

_랄프 왈도 에머슨, 사상가이자 시인

언젠가 마이클 조던은 자신이 프로 농구경기에서 9,000골 이상을 놓쳤고 거의 300번의 경기에서 패배했으며 경기의 승패를 가르는 최후의 슛을 스물여섯 번이나 놓쳤다고 말했다. 그는 계속해서 실패하고 또 실패했다. 그리고 그는, 바로 이것이 그가 성공한 이유였다고 말한다.

아이들은 조던이 한 말의 의미를 정확히 알고 있다. 아이들은 포기하지 않는다. 한 가지 방법이 잘 통하지 않으면 다른 방법을 시도한다. 시행착오를 통해 아이들은 배운다. 위험을 감수함으로써 아이들은 배운다. 그러므로 아이들에게 실패란 없다.

모험을 감행하라

영화감독 조지 루카스는 수많은 모험을 감행해왔다. 그가 만든 많은 영화들은 굉장히 모험적이고 특이했다. 예를 들어 〈스타워즈〉를 찍고 그는, 이 영화가 너무나 새로워서 아무도 이해하지 못할 거라고 스스로 평가했다. 하지만 영화는 개봉된 후 엄청난 인기를 끌었다. 그리고 인기의 이유는 너무나 특이하고 따라서 너무나 모험적이었기 때문이었다.

감히 단언하건대, 예술가, 영화배우, 음악가, 디자이너, 작가 등 창의적인 사람들은 창의적이지 못한 다른 사람들에 비해 더 많은 모험을 감행한다. 그들은 새로운 작품을 발표할 때마다 스스로를 비판의 시험대에 올리기 때문이다.

반면 세상의 이목을 끄는 자리에 있지 않은 사람들은 모험을 최대한 피하게 마련이다. 하지만 샐리 라즈베리와 패디 셀윈은 저서 『삶을 크게 외쳐라Living Your Life Out Loud』에서, 더 즐겁게 살고 싶다면 더 많은 모험을 감행해야 한다고 썼다. "당신의 천재적인 상상력을 표현할 방법을 찾아야 한다. 춤을 추다가 파트너의 발가락을 밟는 한이 있더라도, 다이빙을 하다가 수면에 배치기를 한다고 해도, 물감이 캔버스보다 몸에 더 많이 묻는다고 해도 상관없다. 당신은 기꺼이, 음이 안 맞는 노래를 부르고, 엉망진창인 영화를 만들고, 의미를 알 수 없는 그림을 그리고, 서툰 시를 짓고, 빤한 단편소설을 쓰며, 지루한 연설을 해야 한다. 기꺼이 서툰 초심자로 돌아가야 한다."

패디 셀윈은 자신이 내린 처방대로 네 살 된 아들과 함께 모험을 감행했다. 그날 아이는 셀윈과 함께 언덕을 데굴데굴 굴러 내려오고 싶어 했다. 처음에 셀윈은 "아유, 안 돼. 엄마는 그거 못해"라며 아들의 요구를 거절했다. 하지만 아들이 왜 안 되냐고 묻자 스스로도 이유를 찾을 수가 없었다. 그래서 둘은 함께 언덕을 굴렀다. 축축한 땀, 시퍼런 풀물, 키득거리는 웃음과 장밋빛 두 뺨. 셀윈은 그때가 아들과 함께 보낸 가장 사랑스러운 시간이자 가장 좋은 기억이었다고 말한다.

창의력 전문가 로저 본 외흐는 우리 모두에게 '모험 근육'이 있으며 그 근육을 튼튼하게 만들고 싶으면 새로운 일들을 시도해야 한다고 말한다. 그는 일주일에 한 번씩 새로운 모험에 직면해보라고 제안한다. 꼭 위험한 것이어야 할 필요는 없다. 출근을 평소와는 다른 길로 한다거나 새로 이사 온 이웃에게 인사를 건넨다거나 새로운 요리법을 시도해보는 일도 모두 모험이다.

저널리스트 아서 쾨슬러는 이런 말을 했다. "조물주가 우리에게 목을 만들어주신 건, 움츠리지 말고 당당히 내밀라는 뜻이다."

실수를 하라

스테파니 카노비츠는 두 아이들에게서 '완벽하지 않아도 괜찮으니 기꺼이 실수하라'는 교훈을 얻었다고 한다. "아이들은 제게 인내심을 가르쳐줍니다. 아이들이 뭔가 새로운 것을 시도할 때마다 저는 제 인내심이 얼마나 부족한지를 깨달아요. 예를 들어, 엘리는 차에 탈 때 스스로 안전벨트 채우기를 좋아하고(안전벨트 하나 채우는 데 어떻게 그렇게 오래 걸릴 수가 있으며, 꼭 늦었을 때마다 더 집착하는 이유는 뭘까요?), 재러드는 꼭 스스로 밥을 떠먹고 싶어 합니다(물리학에 의하면 요거트는 과연 어디까지 날아갈 수 있나요?)."

카노비츠는 이렇게 덧붙인다. "저는 이제 엉망진창이 된 집과 한 몸이 되는 법을 배우고 있습니다. 그래요, 아이들은 완벽하지 않습니다. 그럼에도 아이들은 조금도 상관하지 않아요. 저도 그렇습니다."

아이들은 무언가를 완벽하게 해내지 못한다. 적어도 아직 발달단계에 있는 아이들은 그렇다. 반면에 성인들은 무엇이든 완벽하게 해내기를 좋아하기 때문에 무슨 수를 써서라도 실수를 피하려고 노력한다. 그러면서 실수가 때로는 중요한 발견으로 이어질 수 있다는 사실을 잊는다. 그러나 기억하라. 콜럼버스는 인도를 찾고 있었다.

아마 여러분도 '포스트잇'이라는 작고 끈적끈적한 메모지를 써본 적이 있을 것이다. 집집마다, 사무실마다 포스트잇이 구비되어 있지 않은 곳이 드물 정도다. 그런데 이런 포스트잇이 사실은 실수의 산물이라는 것을 알고 있는가? 3M사가 한 번의 실수를 금광으로 바꾸어낸 결과 오늘날 포스트잇은 매년 500억 개씩 생산되고 있다.

이야기의 시작은 1968년으로 거슬러 올라간다. 당시 화학자 스펜서 실버는 더 좋은 접착제를 만들기 위해 고군분투하고 있었다. 하지만 그가 발견한 건 어딘가에 달라붙었다가 표면에 손상을 주지 않으면서 쉽게 벗겨질 수 있는 끈적끈적한 물질뿐이었다.

수년 동안 자신의 '실수'를 활용할 방법을 찾아보려고 노력했지만 쉽지 않았다. 그러던 어느 날 그는 교회 합창단원 한 사람을 보고 새로운 아이디어를 떠올리게 되었다. 그 합창단원은 연습해야 할 찬송가를 늘 작은 종잇조각으로 표시해두었지만 일요일이 될 때쯤이면 종이는 어디론가 사라져버리기 일쑤였다. 그 모습을 보고 실버는 포스트잇의 아이디어를 떠올렸다. 물론 3M사에게 상품을 만들어보자고 설득하기까지는 많은 노력이 필요했지만 말이다. 오늘날의 스마트폰을 비롯한 여러 최첨단 기계들이 그렇듯, 이 실수는 그 누구도 필요성을 알지 못했던 상품이 되었다. 그리고 이제 그것은 없어서는 안 될 물건이 되었다.

위대한 건축가이자 발명가인 R. 벅민스터 풀러는 자신의 수많은 발명품이 실수로부터 시작되었다고 말한다. 그는, 인간이란 시행착오로부터 배우도록 설계된 존재라고 믿는다. 하지만 불행하게도 우리는 누구도 실수를 해서는 안 된다고 믿는다. 풀러가 이룩한 발견은 모두 실수가 만들어낸 것이다.

아이들은 우리에게 실수를 해도 괜찮다는 것을, 아니 실수에는 위대한 가치가 있다는 사실을 가르쳐준다.

두려움을 잊어라

어린아이들은 두려움이 없다. 아이들은 아무것도 두려워하지 않는다. 거미를 무서워하는 자장가 속 인물 미스 머펫Miss Muffet만 빼고. 아이들이 본능적으로 두려워하는 대상은 사실 많지 않다. 아이들은 자라면서 다른 사람의 행동을 통해 무엇을 두려워해야 하는지를 배운다. 우리가 태어날 때부터 두려워하는 건 단 두 가지뿐이다. 추락과 시끄러운 소리. 물론 두려움 중에는 빠르게 달려오는 차에 대한 두려움처럼 현대 사회를 살아가기 위해 꼭 필요한 것도 있다. 하지만 다른 많은 두려움들, 예를 들어 미지의 것에 대한 두려움, 거절에 대한 두려움, 미래에 어떤 일이 벌어질지 모른다는 두려움 등은 아무 쓸모가 없으며, 우리가 삶을 완전히 즐기지 못하게 하는 방해물이 될 뿐이다.

하지만 우리도 아직은 테이프를 뒤로 감아서, 두려움이라고는 없던 어린 시절을 다시금 재생할 수 있다. 앞에서 나는 마케팅 전략가 테드 루빈의 말을 인용한 바 있다. 그의 질문을 통해 어떻게 하면 아이들이 가진 대담함을 어른들의 세계에 적용할 수 있는지 생각해보자. 그는 이렇게 묻는다. "우리의 삶은 과연 언제부터 두려움 없는 정신을 버리고, 오로지 안전한 놀이와 최소화된 위험에만 중점을 두게 되었는가? 두려움에 가로막혀버리면 혁신은 정체로, 천재성은 평범함으로, 모험은 지루함으로 변하고 만다. 여러분은 과연 무엇을 원하는가?"

실패는 잊어라

많은 어른들은 실수나 실패를 두려워한다. 반면에 아이들은 실패로부터 배운다. 실패는 아이들에게 새로운 기술과 새로운 방법을 가르쳐준다. 어른들에게도 실패는 가치 있는 자산이 될 수 있다. 우리는 승리뿐만 아니라 패배로부터도 충분히 많은 것을 배울 수 있다. 후퇴는 성공을 위한 디딤돌이 될 수 있다. 또한 겸손함과 수용, 공감에 대한 가르침을 주기도 한다. 실패가 중요한 이유는 더 있다. 실패는

당신이 최소한 시도는 해보았다는 증거이다.

당신을 더욱 강하고 단단하게 만들어준다.

실망감을 어떻게 극복해야 하는지를 가르쳐준다.

당신의 약점을 알려준다.

불굴의 의지를 일깨워준다.

창의력과 문제해결 능력을 발전시킨다.

성공을 감사할 수 있게 해준다.

흥미롭게도 많은 유명한 사람들 역시 처음에는 이루고자 하는 일에서 실패를 맛보았으며, 실패를 오히려 성공을 향한 자극제로 삼았다. 신문사 편집장에게 "상상력과 아이디어가 부족하다"는 이유로 해고당한 사람이 누구일까? 선생님에게 "뭔가를 배우기에는 너무 멍청하다"는 평을 들었던 사람은 누구일까? 또한 다섯 살이 될 때까지 말을 하지 못했고 여덟 살이 될 때까지 글을 읽지 못해서 부모조차도 "평균 이하"라고 말했던 아이가 누구인지 아는가? 정답은 각각 월트 디즈니, 토머스 에디슨, 앨버트 아인슈타인이다.

그들만이 아니다. 허핑턴 포스트의 창립자 아리아나 허핑턴은 출판사 서른여섯 곳으로부터 거절을 당했다. 애플의 창립자 스티브 잡스는

자기가 세운 회사에서 쫓겨났다. 토크쇼의 여왕 오프라 윈프리는 첫 방송사에서 해고되었다.

여기서 끝이 아니다. 자신들이 선택한 직업에서 실패를 맛보았지만 그 후 엄청난 성공을 거둔 유명인사에는 빌 게이츠, 제리 사인펠드, 루실 볼, 마릴린 먼로, 스티븐 스필버그, J. K. 롤링, 엘비스 프레슬리, 헨리 포드, R. H. 메이시, 커넬 샌더스, 윈스턴 처칠 등이 있다. 이들 모두가 실패했지만 결코 포기하지 않았다.

내 친구이자 일간지 <댈러스 모닝뉴스>의 논평가인 데이브 리버가 아들 존에 대해 들려준 이야기가 있다. 그는 아이를 통해 포기하지 않는 것의 의미를 배웠다고 한다. 당시 고등학생이던 존은 프로야구 구단 뉴욕 양키스에 입단 지원을 했다. 테스트를 받은 후 스카우트 담당자는 존에게 전화를 주겠다고 말했다.

> 드래프트(1년에 한 번 스포츠 구단에서 한 라운드씩 돌아가며 선수를 뽑는 제도)는 화요일과 수요일 이틀에 걸쳐 열렸다. 화요일에 열린 첫 스무 라운드 동안 존과 나는 인터넷 방송에 열심히 귀를 기울였다. 양키스가 선발된 선수를 한 명씩 호명할 때마다 존은 집을 뒤흔들 듯 큰 소리로 끙끙거렸다.
>
> "걱정하지 마." 나는 말했다. "지금 부르는 건 투수 명단이야." 존은 외야수에 1루수였다.
>
> 둘째 날, 우리는 컴퓨터 모니터 앞에 진을 치고 앉아 다시 발표를 들었다.

한 팀, 한 팀, 한 선수, 한 선수 이름이 불렸다. 곧 존은 내 사무실 소파에 누워 손으로 얼굴을 가렸다. 그리고 30번째 라운드가 진행될 무렵 아들은 절망에 빠져 모든 가능성을 포기해버렸다.

"어디 가는 거니?" 아이가 자리를 뜨려고 하자 내가 물었다.

"지긋지긋해서 더는 못 듣겠어요."

우리는 다양한 갈등이 겪어왔지만 그 중에서도 가장 큰 갈등의 원인은 나의 계속되는 잔소리였다. 나는 아들에게 네가 정말로 원하는 일을 하라고 늘 말했지만 아들은 듣지 않았다.

"네가 풋볼을 하는 건 오로지 엄마를 위해서라는 걸 안다." 나는 말했다.

아들은 대답하지 않았다.

"하지만 운동은 네가 하는 거야. 경기를 하는 건 너지, 엄마가 아니란 말이다. 네가 정말 하고 싶은 건 뭐니?"

"야구가 하고 싶어요." 아들은 조용하게 대답했다.

35번째 라운드가 시작되자 존은 자기 침대에 누워 머리가 아프다며 투덜거렸다.

그리고 40번째 라운드에서는 "저는 분명 선발되지 않을 거예요"라고 웅얼거렸다.

"넌 될 거야!" 나는 말했다.

45번째 라운드 후 휴식시간에 아나운서는 이제 마지막 몇 라운드만이 남았다며, 다른 팀들은 미처 몰랐던 좋은 선수들이 이번 라운드에 뽑히게 될 거라고 말했다.

"시작한다." 나는 말했다.

46번째 라운드에서는 샌프란시스코 자이언츠가 투수를 뽑았다.

"다음은 뉴욕 양키스예요." 존이 조용하게 말했다.

곧이어 양키스 회의실에서 들려온 그 목소리를 우리는 평생 잊을 수 없을 것이다. "양키스는 포츠워스 포실 리지 고등학교의 베르칭어 조너선을 선발하겠습니다."

나는 아들이 마치 월드시리즈 우승이라도 한 듯 아들 위로 뛰어올라갔다. 아이는 정신 나간 사람이라도 되는 듯 나를 쳐다보았다. 이렇게까지 좋아하는 모습을 처음 보았기 때문이었으리라.

"네가 해냈어! 해냈다고!" 나는 계속해서 이 말을 반복하여 있는 힘껏 아들을 안아주었다.

리버는 말한다. "아들이 다녔던 그 큰 고등학교에서도 메이저리그의 지명을 받은 학생은 지금껏 단 한 명도 없었다. 존은 내게 불가능도 가능으로 바꿀 수 있다는 사실을 알려주었다."

실패를 성공으로 바꾸어낸 마지막 사례는 학교 연극에 참여하게 된 어느 작은 소년의 이야기이다. 소년은 원하던 역할을 맡지는 못했지만, 결국 자신이 맡게 된 역할에 대해서도 마찬가지로 기뻐했다. 배역이 발표된 날 소년은 학교를 마치고 엄마에게 달려가서 자랑스럽고도 신이 난 얼굴로 이렇게 말했다고 한다. "엄마, 어떻게 됐는지 알아요? 나 '환호하는 관객'으로 뽑혔어요!"

철없는 어른 되기

코미디언 테리 샌드는 어린이와 같은 장난스러움을 되찾고 싶다면 '바보 같은 짓'을 해보라고 말한다. "많은 사람들은 아이처럼 즐거워지려고 하다가도 곧 긴장과 어색함으로 민망해한다." 이런 감정을 극복하기 위해서는 장난스럽게 행동하며 즐거워지는 방법을 찾아야 하고, 그러기 위해서는 '얼간이 되기'를 두려워하지 말아야 한다고 말한다. 테리의 제안 중 몇 가지를 직접 시도해보면 어떨까?

- 반항을 선언하는 의미로 양말을 짝짝이로 신어보라.
- 직장에서 일하는 도중에 옷을 갈아입고 알아차리는 사람이 있는지 살펴보라.
- 지루한 전화통화를 해야 할 때, 한마디 한마디를 기역, 니은, 디귿 순서에 맞추어 말해보라. 통화가 조금은 즐거워질 것이다.
- 호두를 조심스럽게 반으로 쪼개라. 알맹이를 꺼낸다. "내일은 남은 한 주의 첫날이다"와 같은 웃긴 말을 작은 종이에 쓴다. 쪽지를 접어 빈 호두 껍데기 안에 넣는다. 껍데기를 본드로 붙이고 친구에게 선물하라. 평생 잊을 수 없는 선물이 될 것이다.
- 마지막으로 아주 실용적이고 바보 같은 아이디어가 하나 있다. 질긴 고기를 부드럽게 만들기 위해 코팅된 종이 두 장 사이에 고기를 끼워 넣고 비닐봉지에 넣어 잘 싼다. 밖으로 나가서 봉지를 자동차 뒷바퀴 뒤

에 놓는다. 자동차 시동을 걸고 비닐봉지 위로 후진한다. 세 번 반복하라. 시동을 끄고 고기를 꺼내어 요리한 다음 친구에게 대접하라. 아마 이렇게 부드러운 고기는 처음 먹어본다며 놀랄 것이다.

사실 위의 제안들 중에는 실제로 써먹기 힘든 것들도 있다. 너무나 '얼간이 같기' 때문이다. 하지만 이건 아이와 같은 창의적인 생각을 보여주는 몇 가지 사례일 뿐이므로 참고만 하면 된다. 자신만의 장난스러움을 개발해보기를 바란다.

아이의 눈으로 바라보라

강연투어 때문에 한동안 집을 떠나야 했던 나는 당시 다섯 살이던 아들 앤드루에게 아직도 혼자서 잠을 못 자서 어떡하냐고 걱정스럽게 말했다. 내가 없는 동안 한밤중에 자꾸 깨서 엄마의 소중한 잠을 방해하면 안 된다고 잔소리를 늘어놓았다. 아들은 알아듣는 것 같았다.

투어를 마치고 공항에서 아내 노라와 아들을 만나는 날, 잔뜩 신이 난 앤드루는 공항 복도를 달음질쳐 내려오며 쩌렁쩌렁한 목소리로 소리쳤다.

"아빠, 좋은 소식이에요! 아빠가 없는 동안 아무도 엄마랑 안 잤어요!"

17 진실함

이 세상에 존재하는 정직하고 진실한 말은
거의 대부분 아이들이 한 것이다.

_올리버 웬델 홈스, 의학자이자 시인

한스 크리스티안 안데스센의 동화 「벌거벗은 임금님」을 모르는 사람은 없을 것이다. 두 재봉사가 허영심 많은 임금에게 특별한 옷을 만들어 진상했는데, 멍청하거나 무능한 사람들의 눈에는 보이지 않는 신비로운 옷이었다. 임금이 새 옷을 입고 신하들과 함께 행진을 하는데, 아무도 감히 임금이 벌거벗었다는 이야기를 하지 못했다. 그러나 바로 그때 가식이라고는 모르는 어린아이가 소리쳤다. "임금님이 벌거벗었다!"

모든 이들에게 진실을 드러내 보인 건 어린아이뿐이었다.

있는 그대로를 말하라

아이들은 어른들이 보는 것을 절대적으로 받아들인다. 또한 세상에 대한 티 없이 맑은 시각으로 어른들에게 상황을 바라보는 다른 시각이 있을 수 있음을 보여주곤 한다. 한 아이가 아픈 몸 때문에 늘 고통스럽고 불행해 하는 할머니에게 크리스마스 선물로 무엇을 받고 싶은지 물었다. 그러자 할머니는, 행복을 받고 싶지만 아마 그건 어려울 거라고 대답했다.

크리스마스날 아침 소년은 할머니에게 선물을 건넸다. 할머니가 상자를 열자 그 안에는 종이를 끼워 넣은 액자가 하나 들어 있었고 종이에는 단 하나의 단어가 크레파스로 쓰여 있었다. 아이가 크고 또박또박한 글씨로 쓴 단어는 바로 '행복'이었다. "봐요, 할머니. 내가 할머니에게 행복을 줬어요."

앞서 말했듯이, 나는 아주 어린 시절과 아주 나이든 시절이 우리 삶에서 가장 현명한 때라고 믿는다. 증명할 수는 없지만 나는 내가 돌보았던 호스피스 병동의 노인 환자들과 일상에서 만난 아이들로부터 이 사실을 깨닫게 됐다. 아주 어린 아이와 나이든 사람의 정직한 의사소통에서는 진정성이 느껴진다. 어린아이들은 사회적으로 '적절한' 행위가 무엇인지를 잘 알지 못하고, 삶이 거의 끝에 다다랐다는 것을 아는 노인들에게는 적절한 행동이 더 이상 예전만큼의 무게를 지니지 못하기 때문이다.

아마도 인생의 마지막이 다가오면 우리는 처음 세상에 나왔을 때와 비슷한 인간으로 돌아가는 것 같다. 아기와 노인들은 신체적으로도 비슷한 점이 많다. 둘 다 도움을 받아야만 음식을 먹고 옷을 입고 움직일 수 있다. 또한 노인들은 더 이상 지켜야 할 것이 별로 없기 때문에 덜 방어적이게 되고, 어린아이들은 아직 지켜야 할 것을 많이 얻지 못했기 때문에 방어적이지 않다. 그러므로 둘 다 더욱 정직하게 의사소통을 하게 된다.

최근에 영국에서 진행된 한 연구에 대한 글을 읽었다. 말들에게 화난 얼굴을 보여주자 심장박동이 빨라졌다고 한다. 말들 역시 인간이 위협을 가할지도 모른다는 사실을 분명히 이해하는 것 같다. 이렇듯 말들도 누군가가 화났다는 사실을 이해할 수 있는데, 하물며 말보다 훨씬 지능이 높은 아이들이 주변 사람들의 감정을 감지하지 못하겠는가? 그것을 증명하는 연구 결과가 실제로 존재하는지는 잘 모르겠지만, 부모가 숨기려고 하는 것들을 아이들이 본능적으로 알아차리는 사례는 아주 많다. 아이들은 통찰력이 매우 뛰어나다. 아이들은 많은 것들을 직감적으로 안다.

라이프 코치인 트레이시 수는 "아이들은 진실을 말합니다. 제가 진실을 마주하기 두려워할 때에도 말이죠"라고 말한다. 그녀가 어떻게 자녀들의 자연스러운 본능과 직감을 믿고 따르게 되었는지 들어보자.

> 애들 아빠와 결국 결혼생활에 종지부를 찍게 된 해에는 많은 것들이 불편했어요. 소리를 지르고 싸우는 일은 없었지만 늘 날카로운 침묵이 감돌았죠. 하지만 남편과 저 둘 다 이혼을 원하지 않았어요. 우리 아이들을 망치고 싶지 않았으니까요. 그 당시만 해도 핵가족에서 부부관계가 무너지면 결국 가족 전체가 망가진다는 믿음이 팽배해 있었죠.
>
> 사람들은 아이들이 아직 어리기 때문에 부부 사이에 무슨 일이 벌어지고 있는지 모를 거라고 생각해요. 그런 아이들도 물론 있겠지요. 하지만 우리 아이들은 아니었어요.
>
> 당시 일곱 살이던 내 아들은 어느 날 나를 한쪽으로 데리고 가더니 담담하

게 충고했어요. "엄마가 어떻게 해야 하는지 알아? 나랑 누나를 데리고 이사를 가야 해. 아빠는 가끔 보러 오면 되잖아." 같은 주에 열한 살인 딸은 내가 침대에 놓아둔 잡지에서 실패한 결혼에 대한 글을 읽으며 이렇게 말했어요. "이 여자는 남편이랑 이혼해야 해. 엄마는 아빠랑 이혼해야 하고." 그건 우리 둘 중 누구에게도 이롭지 않던 결혼생활을 이제는 끝내도 좋다는 허락과도 같았어요. 아이들도 다 알고 있었던 거죠. 우리가 어떤 이유로 불화를 겪었는지에 대한 자세한 내용은 몰랐을지 몰라도 아이들은 우리 부부 사이가 제대로 굴러가지 않고 있다는 것을 알았어요. 도저히 만족될 수 없는 요구와 바람들을 끝까지 충족시키려고 애쓰느라 더 이상 비참해지지 않아도 된다면, 자신들 역시 더욱 행복해지리라는 것도 말이에요.

그래서 어떻게 됐을까요? 결국 우리 부부는 이혼했어요. 우리는 부모로서 아주 훌륭한 합의를 이끌어냈어요. 우리는 결코 아이들을 망치지 않았고, 아이들 역시 충분히 현명했기에 우리가 그러지 않으리라는 사실을 알고 있었지요. 아이들은 현실에 잘 적응했고, 여전히 행복하게 지낸답니다. 물론 성적도 좋고 인간관계도 훌륭해요.

당신의 아이들을 믿으세요. 아이들은 현명합니다.

아이들을 믿는 것에 대해 말하자니 딸아이가 어렸을 때의 일이 떠오른다. 나는 딸에게 절대로 거짓말을 하지 말라고, 만약 한 번이라도 거짓말을 하면 그다음부터는 네가 어떤 말을 하더라도 결코 네 말의 진실성을 믿을 수 없을 거라고 말했다. 내가 알기로 딸은 그 뒤로 내게 단 한 번도 거짓말을 하지 않았다. 나는 거짓말이 우주의 질서를 어지럽힌다고 생각한다. 게다가 거짓말은 수고스럽다. 한 번 거짓말을 하고 나면 지금까지 한 말을 모두 기억하고 있어야만 한다. 전에 했던 말과 모순되는 말을 해서는 안 되기 때문이다. 그러므로 진실을 말하는 편이 훨씬 수월하다. 또한 위에서 수가 말했듯이 아이들에게는 진실을 감지하는 내면의 감각이 있다. 아이들은 우리 어른들이 스스로 인정하기를 원하지 않는 것들조차도 있는 그대로를 말하곤 한다.

앞서 손녀가 가르쳐준 교훈 이야기를 들려주었던 재닛 갤린에게 이번에는 딸에 대한 이야기를 들어보자. 갤린이 직장을 잃고 심란해하던 때였다고 한다. 갤린의 딸은 아이 특유의 지혜를 발휘하여 그녀에게 주어진 상황을 인정하고 앞으로 나아갈 용기를 주었다.

사랑하는 사람들과 함께한 직장에서 18년을 보냈다. 일주일에 5일 동안 하루 여덟 시간 근무를 했고, 저녁시간이나 주말에도 일과 관련된 행사들이 자주 있었지만 그저 즐겁기만 했다. 깨어 있는 시간을 가족들보다도 회사 식구들과 더 많이 보낸 셈이었다. 그런데 어느 순간 내 직책이 더 이상 쓸모가 없어지면서 회사를 떠나야만 하는 때가 왔고, 내 마음에는 (그리고 내 스케줄에도) 커다란 구멍이 뚫렸다.

어린 딸에게 내가 친구들과 오랫동안 해온 일, 나의 낡은 책상, 매일 낮 시간을 보내던 익숙한 동네, 익숙한 일상을 모두 잃게 됐다고, 이미 수도 없이 반복했던 이야기를 또 꺼내자 아이는 고맙게도 이런 현명한 말을 해주었다. "엄마, 사람은 누구나 따뜻한 엄마 품속에서 벗어나야 할 때가 있는 법이야." 그러더니 몸을 돌려서, 뭔지는 몰라도 내게 방해받았던 제 일을 다시 하기 시작했다. 나는 사랑스럽고 솔직한 말로 나의 고민을 끝내준 딸이 너무나 고마워 딸을 꼭 안아주었다.

그 말이 맞다. 우리는 매순간 앞으로 다가올 것을 준비하는 구상의 시간을 가져야 한다. 자리를 훌훌 털고 일어나 새로운 공기를 훅 들이마시고 새로운 땅에서 걷는 법을 배워가며 새로운 시각으로 우리 자신을 정의내리는 과정을 통해서만이 비로소 우리는 끊임없는 진화를 거듭하며 진부함에서 벗어나게 되는 것이다. 이런 갑작스러운 깨달음과 어린 딸의 조언으로 무장한 나는 몇 주 만에 처음으로 집을 떠나 햇빛 속을 거닐며 미소 지을 수 있었다.

정말 중요한 것

아주 오래전 에르하르트 세미나 트레이닝이라는 자기개발 워크숍에 참가했을 당시, 나를 담당했던 스튜어드 에머리라는 교사가 있었다. 그가 열두 살 된 아들과 나누었던 대화에 대해 말해주었던 것이 기억난다. 에머리는 아들에게 학교생활이 어떤지 물었다고 한다. 아들은 괜찮다고 말했지만 대화를 더 이어가면서 아들은 학교에서 배우는 지식에 인간적인 가치가 상당히 부족하다는 취지의 말을 했다. 그 순간 에머리는 이 자리에 앉아 있는 열두 살짜리 아이가 방금 오늘날 교육 시스템의 진정한 문제점이 무엇인지를 파악해냈음을 깨달았다고 한다.

아이들의 말이나 생각은 대단히 솔직담백하다. 때로는 어른들이 논의하는 것보다도 훨씬 더 진정성 있고 심오하다. 많은 어른들과는 달리 아이들은 죽음과 같은 금기시되는 주제에 대해 이야기하기를 서슴지 않는다. 아이들은 대부분 죽음이 결코 되돌릴 수 없다는 사실을 잘 모르기 때문이다. 그렇다고 해도, 죽음에 관한 아이들의 통찰력과 솔직함은 놀라운 깨달음을 주곤 한다.

어느 날 한 텔레비전 프로그램에서 진행자가 암으로 죽어가는 열한 살 아이를 인터뷰한 적이 있다. 진행자는 그 소년이 머잖아 죽을지도 모른다는 사실을 진심으로 안타까워했다. 아이를 위로하며, 누군가는 이렇게나 일찍 죽어야 한다는 사실이 정말 불공평하다고 말했다.

만약 그런 일이 자신에게 일어난다면 자신은 두려움 때문에 도무지 견딜 수 없을 거라며 안절부절 하기도 했다. 그러고는 암에 걸린 아이에게 어떻게 그렇게 용감할 수 있느냐고 물었다.

얼굴에 미소를 띤 아이는 진행자에게 진정하라고 말했다. 그리고 덧붙였다. "잊지 마세요. 암에 걸린 건 바로 저라고요."

제리 젬폴스키 박사는 암에 걸린 아이들을 수년 동안 치료해오면서 아이들로부터 위대한 가르침을 많이 얻었다고 한다. 무엇보다도, 심각한 질병을 앓고 있는 아이들은 대부분 유머감각을 잃지 않고 여전히 즐겁게 놀았다. 백혈병을 앓던 여섯 살 여자아이 역시 그랬다.

아이는 온갖 종류의 고통스러운 검사를 하고 머리카락이 모두 빠져 버린 뒤에도 여전히 행복해했다. 하루는 젬폴스키 박사가 몇 가지 심각한 문제에 봉착한 병원 관리인을 만나고 오는 길에 그 아이를 만났다. 박사는 아이에게 관리인이 어떻게 하면 그 문제들을 해결할 수 있겠느냐고 아이에게 물었다. 그러자 아이는 정확히 뭘 해야 하는지 안다고 대답했다. 그러고는 젬폴스키에게 밖으로 나가 깃털 하나를 사다가 관리인을 하루에 세 번씩 간지럽히라고 말했다.

젬폴스키는 아이의 말대로 관리인에게 깃털 하나를 보내며 아이의 이야기를 들려주었다고 한다. 그리고 자신도 깃털을 하나 마련했다. 박사는 지금도 언제든 과도하게 심각해지려고 할 때마다 깃털을 꺼내어 자기 자신을 간질이며 아이의 단순하지만 현명한 충고를 기억한다고 한다.

있는 그대로를 보라

어느 날 나는 길을 걷다가 지적장애를 앓고 있는 아이들 한 무리를 지나치게 됐다. 그런데 한 아이가 고개를 들어 하늘에 하얗고 긴 꼬리를 남기며 날아가는 비행기를 바라보더니 이렇게 소리쳤다. "봐, 스카이라인이야."

정말 딱 맞는 표현이 아닌가. 어른들이 스카이라인(산이나 건물이 만들어낸 윤곽선)이라고 규정지은 것은 실은 전혀 스카이라인이 아니다. 오히려 지평선에 가깝다. 하지만 비행기가 만들어낸 선은 그야말로 하늘에 그은 선, 스카이라인인 것이다.

아이들의 세상에 대한 선명한 관점은 사물을 바라보는 보다 정확한 관점을, 아니면 최소한 우리를 둘러싼 세상을 바라보는 또 다른 방법을 제시해준다. 강연자로 활동하고 있는 한 친구의 일곱 살 된 아들은 밤에 무슨 일이 벌어지는지에 대해 아빠에게 설명을 하고 있었다. 그런데 아들은 꿈을 꾼다고 표현하는 대신 "내 눈에 그림이 나타나요!"라고 말했다고 한다. 정말 딱 맞는 말이지 않은가?

나는 공항에서도 상황을 그야말로 '있는 그대로' 바라보던 아이들을 만난 적이 있다. 예정되었던 비행이 취소되는 바람에 새 티켓을 받기 위해 줄을 서 있을 때였다. 의도치 않게 두 아이의 대화를 엿듣게 되었다. 한 아이가 다른 아이에게로 돌아서더니 아주 큰 소리로 소리쳤다. "항공사들 진짜 짜증나지 않냐?" 아이의 말을 듣고 주변 어른들은 전부 웃음을 터뜨렸다. 우리들 대부분의 기분을 그토록 정확하게 표현해 주다니!

아이들은 상황을 있는 그대로 본다. 그래서 어른들의 시각에서는 보이지 않는 것들을 정확하게 짚어낸다. 한 엄마가 어린 딸에게 '어머니의 날'에 어떤 선물을 줄 거냐고 물었다고 한다. 아이는 잠시 생각에 잠기더니 이렇게 대답했다. "엄마가 나한테 선물을 사 줘야지. 내가 아니었으면 엄마는 엄마가 되지도 못했을 거 아냐!"

또 다른 엄마의 이야기도 있다. 30개월쯤 됐을 무렵 딸은 온 집 안을 누비며 이것저것을 부수고 돌아다녔다. 그러던 어느 날 저녁 엄마와 딸은 하늘을 올려다보았고, 딸은 처음으로 반달을 보게 됐다. "어떡해, 엄마. 달이 뿌셔졌어."

유머작가 지미 K. 버츠도 저서 『유머 팩터』에서 한 남자아이에 대한 재미있는 이야기를 들려준 적이 있다. 그 아이는 자신이 본 것을 그저 정확히 이야기했을 뿐이었다.

> 어느 날 조라는 친구가 내게 오후 특별 미사에 참석할 계획이라고 말했다. 그러자 그의 여섯 살 된 조카는 자기도 함께 가고 싶다며 졸라댔다. 조는 "안 돼. 너 이리저리 돌아다니고 시끄럽게 굴 거잖아"라고 말했다. 아이는 계속해서 졸라대며, 가만히 앉아서 착하게 굴 거고 미사가 시작되기 전에 화장실도 다녀오겠다고 말했다. 한참 동안이나 졸라댄 끝에 조는 조카를 데리고 가기로 했다. 마침내 미사가 시작되자 신부님은 제의를 입고 손에는 향을 든 채 복도를 왔다갔다했다. 상당히 흥미로워하던 아이는 조 삼촌의 티셔츠를 잡아당기기 시작했다. 조는 조용히 하기로 약속하지 않았느냐고 속삭였지만, 아이는 계속해서 꼭 해야 할 말이 있다며 고집을 부렸다. 결국 조는 화난 표정으로 "뭔데?"라고 물었다. 그러자 아이가 말했다. "저 아저씨 있잖아요. 옷은 진짜 멋있는데 지금 지갑이 불타고 있어요!"

아이들은 터무니없는 말(과 행동)을 한다.

어느 유치원 교사가 아이들에게 "세계는 어떤 모습인가요?"라고 물었다. 한 여자아이가 손을 들고 대답했다. "끔찍한 모습이요!"

가끔씩 아이들의 정직한 관찰은 우리를 당황하게 한다. 아이들은 너무도 솔직한 말을 가장 부적절한 순간에 내뱉곤 한다.

불임 환자들을 치료하고 임신을 돕던 한 의료계 종사자가 딸이 다니던 학교에서 전화를 한 통 받았다. 전화기 속 선생님은 굉장히 화가 난 상태였다. 그날은 각자 집에서 물건을 가지고 와서 발표를 하는 날이었고, 선생님은 아이들에게 아버지가 무슨 일을 하시는지를 물었다고 한다. 그러자 아이는 자랑스럽게 반 친구들에게 말했다. "우리 아빠는 아줌마들을 임신시켜!"

또 어떤 남자아이는 엄마가 얼굴에 크림을 마구 바르는 모습을 보고 물었다. "엄마, 그게 뭐야?" 엄마는 얼굴을 휴지로 닦아내며 대답했다. "엄마가 예뻐지려고 그러는 거야." 그러자 아이는 근심스러운 얼굴로 엄마를 들여다보더니 말했다. "근데도 효과가 별로 없었던 거야?"

또 하나, 추수감사절 직후 병원에 입원해 있는 할머니의 병문안을 간 다섯 살 남자아이의 이야기도 있다. 병원에 있는 동안 살집이 꽤 있는 간호사가 환자들을 돌보기 위해 병실에 왔다. 간호사를 본 아이는 이렇게 물었다. "아줌마, 혹시 추수감사절에 칠면조를 너무 많이 드신 거예요?"

초등학교 1학년 아이가 시력 검사를 위해 안과를 방문했다. 의사가 화면에 글자를 몇 개 띄우고 소년에게 무엇이 보이냐고 물었다. 그러자 아이는 대답했다. "알파벳이요."

마지막으로 신문 독자란에서 읽은 이야기를 소개하려고 한다. 한 독자가 이집트 여행 중에 겪은 일이다. 단체관광 참가자 중 한 사람이 호흡기에 문제가 있어서 뜨겁고 먼지가 많던 어느 날 마스크를 쓰고 왔다. 사람들이 함께 고대 무덤을 구경하고 있을 때 한 무리의 이집트 아이들이 그들을 따라오기 시작했다. 아이들은 마스크 쓴 여인을 굉장히 신기해하는 것 같았다. 가이드는 아이들이 이 여성이 입을 가리고 있는 이유에 대해 토론을 하고 있다고 말했다. 그리고 아이들은 그 여성이 개처럼 물기 때문에 입마개를 한 것이 틀림없다고 결론 내렸다고 한다.

철없는 어른 되기

노벨상 수락 연설에서 작가 아이작 바셰비스 싱어는 말했다. "내가 아이들을 위한 글을 쓰기 시작한 데에는 500가지의 이유가 있습니다." 여기서 그 중 몇 가지를 소개하려 한다.

"아이들은 책 리뷰가 아니라 책을 읽습니다. 비평가들에 대해서는 털끝만큼도 신경 쓰지 않죠. 책이 지루하면 부끄러움이나 권위에 대한 어떤 두려움도 없이 하품을 합니다."

"아이들은 아직도 신과 가족, 천사, 악마, 마녀, 괴물, 논리, 명확성, 구두점과 같은 구시대적인 것들을 믿습니다."

"아이들은 카프카나 『피네간의 경야』(제임스 조이스의 실험적 소설)를 이해하려고 애쓰지 않습니다."

"아이들은 자신이 좋아하는 작가가 인류를 구원하리라고 기대하지 않습니다. 그건 작가의 역량 밖의 일이라는 사실을 잘 알고 있지요. 그런 유치한 망상에 빠지는 건 어른들 뿐입니다."

싱어가 말하고자 한 건, 아이들이 제멋대로 생각한다는 점이었다. 아이들은 자기 생각을 표현하기 전에 다른 사람들의 말을 들어보려고 주위를 둘러보지 않는다. 아이들은 모르는 것이 아주 많지만, 그대로를 인정한다. 아이들이 끝없이 질문을 하는 것도 바로 그 때문이다.

당신도 아이들처럼 제멋대로 생각하고, 세상의 경이로움을 찾아내고, 때로는 당신이 틀릴 수도 있다는 사실을 인정할 수 있겠는가?

18 현명함

확언컨대, 아이들은 말할 수 있는 것보다 더 많은 것을 안다.
그리고 바로 그것이 아이와 어른의 큰 차이를 만든다. 어른들은 기껏해야
자신들이 하는 말의 일부분만을 알기 때문이다. 이유는 간단하다.
아이들은 모든 것을 자신의 완전한 존재를 통해 이해하지만
우리는 오로지 머리를 통해서만 이해한다.

_자크 루세랑, 『그리고 빛이 있었다』 중에서

『우주에는 초록 용이 있다』의 저자 브라이언 스윔은 말한다. "언젠가 유치원 아이들에게 우주에 관한 이야기를 들려줄 기회가 있었다. 나는 우리 몸이 일종의 초신성 폭발로부터 만들어졌다는 말로 이야기를 시작할 참이었다. 나는 '여러분, 우리 몸이 별에서 왔다는 것 알고 있나요?'라고 물었다. 그러자 여섯 살짜리 작은 남자아이가 소리쳤다. '저 그거 알아요!' 그 아이가 어떤 면에서는 정말로 알고 있다고 나는 확신했다."

아이들에게는 엄청난 지혜가 깃들어 있다. 불행히도 많은 경우 그런 지혜는 성장하면서 억눌린다. 하지만 어른들은 지금부터라도 아이들의 '직감'을 믿고 아이들 내면의 지혜와 직관에 기대는 법을 다시 배울 수 있다.

아이들은 알고 있다

건강 컨설턴트 팀 더킨의 이야기를 들어보자. "어렸을 때는 부모님의 뒤통수에도 눈이 달렸다고 생각했어요. 애들은 다 그렇잖아요. 부모님은 아무것도 놓치지 않으니까요. 하지만 이제 손주들을 보고 나니 생각이 달라졌습니다. 어쩌면 진짜로 뒤통수에 눈이 달린 건 아이들인지도 모르겠습니다. 아이들은 아무것도 놓치지 않거든요."

호주 멜버른에 사는 루앤 마린은 더킨이 한 말의 의미를 잘 알 것이다. 마린은 내게 이런 이야기를 들려주었다.

> 아주 최근에 저는 싱글맘이 되었어요. 이제 13개월쯤 됐네요. 아이들은 열 살과 열두 살이에요. 어느 날 차를 타고 가는데 아들이 저를 보며 묻더군요. "엄마, 남자친구는 언제 만들 거야?" 저는 그냥 웃어넘겼어요. 아이들이 아빠와의 이별에 적응하려면 시간이 필요하다고 생각했기 때문에 그런 문제에 대해서는 아직 이야기를 나누고 싶지 않았거든요.
>
> "엄마, 이제 때가 된 거 같아."
>
> 저는 대답했어요. "그래, 그럴 수도 있겠지. 근데 서두르지는 않으려고 해."
>
> "엄마, 엄마가 1년 동안 사귄 남자친구보다 내가 한 주 동안 사귄 여자친구가 더 많은 거 알아?" 아들 쿠퍼는 만면에 미소를 띠며 말했어요.
>
> "어머, 정말이니? 대단한데?" 저도 웃으며 말했죠.
>
> "응, 엄마. 그거 진짜야." 열 살 된 제 딸이 마찬가지로 만면에 미소를 띠고 말하더군요.
>
> 아이들은 제게 남자친구를 사귀어도 괜찮다고 말하고 있었던 거예요.

내 친구 일레인 새비지는 작가이자 가족상담 치료사이다. 오랫동안 상담가로 일하면서 그녀는 아이들 입에서 수많은 지혜를 만났다. 한번은 가족상담을 진행하는데, 부부와 함께 온 열 살짜리 딸이 이렇게 말했다고 한다. "이 가족의 문제가 뭔지 제가 말씀드릴게요. 아내는 말이 많고 남편은 도무지 듣질 않아요!"

어른들이 상황을 명확하게 파악하지 못할 때 아이들은 본능적인 판단력을 발휘한다. 마지막 사례는 내 친구 앤 프라이의 이야기다. 아이의 단순한 질문 덕분에 앤은 상황을 정확히 간파할 수 있었고 그 덕분에 삶의 변화를 이끌어낼 수 있었다고 한다.

> 우리 가족이 텍사스 주 오스틴으로 이사했을 때 내 아들 가브리엘은 겨우 여덟 살이었어요. 이곳으로 이사를 온 건 제 직장 문제 때문이었죠. 하지만 1년도 채 되지 않아 저는 일이 잘 풀리지 않는다는 걸 깨달았고 도무지 어찌해야 좋을지를 모르겠더군요.
>
> 그날은 특히 일진이 사나웠어요. 직원 한 사람이 저를 배신하는 바람에 저는 일을 다시 제자리로 되돌려 놓으려고 안간힘을 쓰고 있었지요. 일을 마치고 회사를 떠나는데 차에 오르기도 전에 눈물이 나기 시작했어요. 집에 오는 내내 울었고요. 주차를 하고는 아무 일도 없는 것처럼 보이려고 볼에 흘러내린 마스카라 자국을 지웠어요.
>
> 그런데 그 후에 벌어진 일이 제 삶을 완전히 바꿔놓았답니다.
>
> 차고에서 부엌으로 걸어 들어가는데 가브리엘이 저를 기다리고 있었어요. 그리고 이렇게 말했죠. "엄마, 퇴근하고 집에 올 때마다 그렇게 매일 울 거예요?"

그래요. 저는 아이를 속이지 못했고, 저의 직장은 아이에게, 그리고 어쩌면 남편에게도 나쁜 영향을 주고 있었던 거예요.

저는 아이에게 말했어요. "가브리엘, 가서 아빠 모시고 와. 우리 피자 먹으러 가자. 돌아오는 길에 게임도 하고." 아이는 잔뜩 신이 났습니다. 그날 저녁은 정말 행복했어요.

그리고 집에 돌아와서 사직서를 썼고, 다음날 아침에 제출했습니다. 그 뒤로 단 한 번도 뒤를 돌아보지 않았죠. 가브리엘의 영혼을 꿰뚫어보는 질문과 지혜가 아니었더라면 과연 제 삶이 어떻게 되었을지 아직도 모르겠습니다.

타고난 지혜

물리학자 J. 로버트 오펜하이머는 한 학회에서 이런 말을 했다. "길에서 노는 아이들이 내가 풀지 못한 물리학 최고의 난제를 해결할 수도 있다. 내가 오래전 잃어버린 감각지각 능력이 그들에게는 있기 때문이다." 정말이지 지당한 말씀이다. 특히나 오늘날처럼 고도로 기술이 발달한 세상에서 말이다.

컴퓨터가 있는 사람이라면 아마 알 테지만, 컴퓨터 사용법이나 인터넷 사용법을 모를 때, 또는 컴퓨터에 뭔가 이상이 있을 때 최고의 해결법은 아이에게 묻는 것이다. 이건 실제 수치로도 증명된 사실이다.

국제통신연합의 보고서에 따르면 부모의 40퍼센트가량이 아이들에게 최신 기술 이용법을 배운다고 한다. 컴퓨터 공학자로서 PC(Personal Computer, 개인 컴퓨터)라는 말을 만들어낸 장본인이자 매킨토시의 할아버지로 불리는 앨런 케이는 이런 사실에 크게 놀라지 않을 것이다. 25년이 넘도록 케이는 아이들이 디지털 세계의 열쇠를 쥐고 있다고 믿어왔기 때문이다. 실제로 아이들은 케이의 연구에서 중요한 부분을 차지한다. 그는 아이들이 사용할 수 있는 기계라면 어른들도 사용할 수 있다고 판단한다.

아이들이 다양한 신기술을 그렇게 잘 습득하는 이유는 무엇인가? 무엇보다도 아이들은 호기심 넘치는 탐구자들이기 때문이다. 아이들은 뭔가 알아낼 때까지 서툰 솜씨로나마 모르는 것을 다루기를 두려워하지 않는다. 또한 아이들은 문제에 대한 신선한 관점을 갖고 있다. 아이들은 낡은 것들도 새로운 방식으로 보기 때문이다. 마지막으로 또 하나 중요한 이유가 있다. 아이들은 판단하지 않는다. 아이들은 자신이 하는 일이 옳다거나 그르다고 생각하지 않는다. 그저 할 뿐이다.

내면의 앎

오늘날 직업 상담가들은 직업적으로 선택의 기로에 놓인 사람들에게 어렸을 때 정말 좋아하던 일이 무엇인지를 생각해보고, 내면에 남아 있는 어린 시절의 지혜를 활용하라고 조언한다. 새로운 일을 시작하려고 할 때 어린 시절의 열정은 반드시 되살려야 할 최고의 자산이다. 스스로는 인식하지 못했을지라도, 어린 시절의 우리에게는 우리가 누구인지, 앞으로 어떤 사람이 되어야 할지에 대한 깊은 감각이 있었다.

알칸사스에서 중고 판매업을 운영하는 로이 더들리는 어린 시절 받았던 영감에 대해 이렇게 설명한다. "제 삶에서 골동품이 중요하지 않았던 때는 한순간도 없었던 것 같아요. 저는 토요일 아침마다 어머니와 함께 노스웨스트 알칸사스의 시골마을에서 열리는 경매장에 가곤 했어요. 경매장에서 물건을 구매할 때 제 어머니만의 철칙은 '일찍 가서 늦게 돌아오라'였거든요. 거기서 저는 잡다한 골동품을 모아 놓은 상자를 통째로 구매하는 것도 배웠어요. 좋은 물건은 그런 데 숨어 있기 마련이거든요. 저는 스스로 물건을 사고팔아도 된다고 허락받았는데, 주로 상자째로 물건을 샀어요. 열한 살짜리 아이가 그 모든 물건들로 무얼 했느냐고요? 그거야 일도 아니죠! 제 마음속에는 상상 속의 친구가 있었어요. 그녀는 골동품 판매 제국의 영원한 왕비 헤이즐 아줌마였지요. 제가 골동품 상자를 보여주면 헤이즐 아줌마는 한참 상자 속을 뒤적거리다가 '이거 한 상자에 얼마를 주고 샀지?' 하고 물었고 저는 '8달러요' 하고 대답했어요. 그러면 아줌마는 이렇게 말했어요. '좋아. 이 그림 말이다. 8달러에 팔자꾸나. 이 그림이 팔리면 벌써 본전은 찾는 거야.' 돌아가신 저의 어머니는 제게 골동품에 대한 사랑과 이해력을 심어주셨어요. 어머니의 호기심과 열정, 흥분은 저에게도 전염

되었고 진정한 기쁨을 가져다주었죠. 제 상상 속 친구 헤이즐 아줌마는 즐거운 취미를 하나의 사업으로 탈바꿈시킬 수 있도록 영감을 주었고요. 그것이 바로 로이 더들리 중고 판매회사의 뿌리였지요."

평생의 직업과 관련하여 아이들의 지혜로부터 도움을 받은 또 하나의 사례는 롤리 베인 신부님의 이야기다. 베인은 어린 시절 어릿광대 코코의 일대기를 읽은 뒤 그때부터 분명한 꿈을 갖게 됐다. 바로 서커스장의 어릿광대가 되겠다는 꿈이었다. 여덟 살이 되었을 무렵에는 공책에 자기 꿈에 대한 구체적인 비전을 적어두었다. 어떤 서커스단에서 일하고 싶은지, 정확히 어떤 옷을 입을지, 분장은 어떻게 받을지에 대해서도 미리 알아두었고, 공연 전체에 대한 계획을 세우기까지 했다. 또한 사람들에게 무료로 즐거움을 베풀고 싶었기 때문에 그는 공책에 어릿광대 공연으로 돈을 벌 생각은 전혀 없으며 만약 돈을 벌게 된다면 전부 가난한 사람들에게 기부하겠다고 써놓기도 했다. 병원에서 어릿광대 공연을 열고 아픈 사람들에게 웃음과 기운을 주겠다는 포부도 있었다.

그러나 놀랍게도 베인은 청년이 되어 자립하고 곧장 어릿광대가 되지 않았다. 대신 종교의 길을 걸어 성공회 신부가 되었다. 어릿광대와는 연관성을 찾기가 어려운 직업이었다. 하지만 그는 어린 시절의 꿈을 한 번도 잊은 적이 없었다. 그래서 나중에 그는 어릿광대 학교를 찾아갔다. 그리고 곧 자신이 좋아하는 일 두 가지, 어릿광대 공연과 종교 공동체 참여를 한데 결합하였다.

이 두 가지 일을 동시에 하면서 그는 '신성한 광대들'이라는 단체를 설립하여 신앙, 성직자, 광대를 성공적으로 융합했다. 베인은 전 세계를 돌며 어릿광대 공연을 했고 관련 단체에서 여러 번 수상을 하기도 했으며 어린 시절 싹튼 자신의 열정에 대해 여러 권의 책을 쓰기도 했다. 그리고 당연하게도, 병원에서 어릿광대 공연을 하겠다는 어린 시절 소망처럼 수백 번의 병원 공연을 해냈다.

열린 마음

헨리 데이비드 소로는 언젠가 이런 말을 했다. "편견을 내려놓기에 너무 늦은 때란 없다." 그것은 아이들이 가진 최고의 장점이기도 하다. 아이들은 편견 없이 태어난다. 아이들의 마음은 활짝 열려 있다. 아이들은 모든 경험에 대해 열려 있으며, 편견 때문에 흐릿해진 어른들의 세계와 달리 아이들의 세상은 신선하고 맑다. 우리는 아이들이 가르쳐주는 이 교훈에 귀를 기울여야 한다. 피부색이 어떻든 겉모습이 어떻든 어떤 문화권에 살든 우리는 다른 사람들과 다른 점보다는 비슷한 점이 많다. 아래에 소개할 몇 가지 이야기는 판단하지 않고 열린 마음으로 타인을 대하는 자세를 우리에게 가르쳐준다.

내 친구 케이트 손턴은 스스로가 인종차별주의자라고는 단 한 번도 생각해본 일이 없었다. 하지만 어린 딸 리지의 말 덕분에 그녀는 자신과 다른 인종, 민족, 성의 사람들과의 관계에 대해 많은 생각을 하게 됐다고 한다.

몇 년 전 저는 당시 다섯 살이던 딸 리지를 데리러 친구의 생일파티장으로 갔어요. 생일을 맞은 남자아이는 리지와 아주 어릴 때부터 좋은 친구로 지냈죠. 그 아이는 동인도 출신이었고, 그 아이의 집 지하에서 열린 생일파티에는 많은 친척과 친구들이 참석했어요.

파티가 열리는 방에 들어서자 리지는 금발과 흰 피부색 덕분에 쉽게 눈에 띄었어요. 차를 타고 집으로 돌아오는 길에 아이는 파티에서 있었던 게임과 음식, 케이크, 선물과 파티에 온 사람들에 대해 종알종알 이야기를 해주었어요. 저는 차를 세운 뒤 아이에게 파티에 온 사람들이 전부 인도 사람들이었냐고 물었어요

그러자 아이는 헝클어진 머리와 케이크로 얼룩진 드레스에 열심히 노느라 완전히 지쳐버린 얼굴로 저의 멍청한 말에 대해 이렇게 대답했죠. "그냥 사람들이야, 엄마. 평범한 사람들이라고."

저는 "그래, 네 말이 맞아. 바보 같은 소리해서 미안해"라고 대답했답니다.

또 다른 친구 일린 딜런의 이야기는 열린 마음에 대해 아이들이 선사해주는 또 하나의 교훈이다. 일린 남편의 사촌이 일린의 집에 방문했을 때의 일이다. 그녀는 꽤나 심한 편견을 가진 사람이었다.

"사촌의 아홉 살짜리 딸 데버라가 우리 집에 자신의 가장 친한 친구

를 초대했어요. 데버라는 백인이고 친구는 아프리카계 미국인이었어요. 친구가 집에 가자 그 사촌은 데보라에게 물었어요. '누구니?' '제 친구 에이미요.' '걔랑 왜 노는 거야?' 사촌이 물었어요. '제일 친한 친구니까요. 저는 에이미가 정말 좋아요.' 데보라는 대답했지요. '하지만 우리랑은 피부색이 다르잖니!' 그 사촌은 고집스럽게 말했어요. '아뇨, 똑같은데요.' '네 피부는 무슨 색이지, 데보라?' 사촌이 물었어요. '살색이요.' '하지만 저 아이는 피부색이 너보다 까맣잖아!' 그 사촌은 발끈하며 말했지요.

'맞아요. 에이미는 초콜릿빛 살색이고 저는 핑크빛 살색이에요. 하지만 둘 다 살색이라고요!'"

아이에게 배운 지혜

17세기 일본, 에도시대의 가장 유명한 시인 마쓰오 바쇼는 "하이쿠를 쓰고 싶다면 먼저 작은 아이를 찾아라"라고 말했다. 바쇼는 하이쿠의 단순함과 위대한 지혜를 모두 품고 있는 어린아이의 진정한 정수를 간파해냈던 것이다. 아이들의 말은 그 천진난만함 때문에 엉뚱하고 사랑스럽기도 하지만, 진정한 지혜를 담은 말을 해서 정곡을 찌르는 경우도 많다.

한 아이에게 매년 새해 전날 밤에 새해의 결심을 다지는 전통에 대해 어떻게 생각하는지 묻자 아이는 그게 뭐냐고 되물었다고 한다. 새해 동안 달성하고자 하는 것들, 더 나은 사람이 되기 위해 해야 할 일들에 대해 생각해보는 거라고 설명해주자, 아이는 잠시 골똘히 생각하더니 이렇게 현명한 대답을 했다고 한다. "그런 일이라면 매일매일 할 수 있잖아요. 왜 새해가 시작될 때까지 기다려야 하죠? 바보 같아요."

고대 철학자들에 따르면, '속박되지 않은' 영혼은 아이의 눈을 통해 세상을 바라볼 때에만 얻을 수 있다. 우리는 자유롭고 제한되지 않은 세상에 살고 있다. 당신이 어른인지 아이인지에 따라 세상은 논리적으로 보일 수도, 비논리적으로 보일 수도 있다. 아이들의 발언이 때로는 재미있으면서도 정곡을 찌르는 이유도 바로 그 때문이다. 예를 들어, 어떤 교사가 아이에게 "1896년에 뭐가 끝났지?"라고 묻자 아이가 "1895년이요"라고 대답했다.

여기 아이들의 속박되지 않은 영혼을 잘 보여주는 몇 가지 사례가 더 있다.

어느 날 어린이집 원장 선생님이 원생들의 취미가 뭔지를 알고 싶었다. 그래서 몇몇 아이들에게 어린이집이 끝나면 무엇을 하는지 물었다. 한 아이가 대답했다. "집에 가는데요."

또 다른 경우로, 한 유치원 선생님이 차에 아이들을 가득 태우고 집에 데려다주는 길에 지나가는 소방차를 봤다. 소방차 앞좌석에는 달마시안 강아지 몇 마리가 타고 있었고, 그걸 본 아이들 사이에는 소방관들이 왜 개를 데리고 가느냐에 대해 한바탕 토론이 벌어졌다.

"사람들이 몰려들면 물러서게 하려고 키우는 거야." 한 아이가 말했다.

"아니야." 다른 아이가 말했다. "그냥 행운의 상징이야."

그리고 세 번째 아이의 의견이 논쟁을 매듭지었다. "아니야. 소화전 찾을 때 쓰는 거거든."

마지막으로, 3학년 아이들을 가르치는 한 교사가 학생들에게 칠판으로 가서 어떤 문장을 써보라고 말했다고 한다. 앞으로 나간 남자아이가 선생님을 향해 돌아서서 말했다. "분필 없는디유."

선생님은 말했다. "그렇게 말하면 안 돼. 바르게 말해야지. '나는 분필이 하나도 없어요. 너는 분필이 하나도 없어요. 우리는 분필이 하나도 없어요. 그들은 분필이 하나도 없어요.' 이제 알겠니?"

"그 분필들이 다 어디로 갔는데요?"

철없는 어른 되기

"하루가 끝날 때는 제대로 끝을 맺어라. 당신은 오늘 할 만큼 했다. 몇 번의 실수와 어리석은 일이 있었을지 모른다. 최대한 빨리 잊어라. 내일은 새로운 날이다. 과거의 하찮은 일 따위에는 조금도 지장 받지 않을 만큼 활기차게, 그리고 평온하게 내일을 시작하라." 랄프 왈도 에머슨의 말이다.

어떤 상황에서 어떻게 행동해야 좋을지를 정확히 알 수 없을 때, 뭔가를 결정하기가 힘들 때, 원하지 않는 일이 왜 내게 벌어지는지 궁금할 때, 나는 그에 대한 정답을 아는 곳으로 간다. 바로 나의 내면이다. 잠시 조용히 앉아 느리게 호흡하며 마음을 가라앉힌 다음, 가야 할 길을 묻는다.

대개 나는 완벽한 답을 얻는다. 답은 머리에서가 아니라 나의 내면으로부터 온다. 직감적인 반응이다. 나는 그것이 아이들이 가진 내면의 지혜와 비슷하다고 생각한다. 답은 바로 나의 존재가 순수하던 그 시절, 어른들이 내게 진실을 말하고 있지 않음을 본능적으로 알고 있던 어린 시절로부터 온다고 믿는다. 나는 내 머리가 말해주는 것보다 그런 직감을 더 믿는다. 살면서 수도 없이 그런 과정을 거쳐왔고, 결과는 늘 좋았다.

나는 직업으로 강연자가 되고자 고민할 때도, 연례 강연자 회의에 참석할 만한 자금이 충분하지 않았을 때도 그런 시간을 가졌다. 나는 내면의 나에게 어떻게 하면 좋을지를 물었다. 내면의 나는, 내가 정말 직업 강연자가 되고 싶다면 이미 강연자로 활동하고 있는 사람들과 어울리는 건 아주 중요한 일이라고 말해주었다. 나는 무조건 그 회의에 가야겠다고 생각하고 실제로 그렇게 했다. 다음 일은 익히 알려진 대로다. 나는 직업 강연자로서 꽤나 큰 성공을 거두었다.

첫 번째 책 『유머의 치유력』을 쓰고 있을 때도 내면의 나를 들여다보았다. 내가 이미 4개월 동안이나 글을 썼을 때쯤 담당 편집자가 회사를 떠났고 출판사는 새로운 편집자를 배정해주었다. 새로운 편집자는 나의 글을 별로 마음에 들어 하지 않았다. 그는 지금껏 쓴 것을 모두 다시 쓰라고까지 했다. 너무도 화가 난 나는 거의 글쓰기를 중단하려는 마음까지 먹었다. 하지만 나는 나의 직감을 믿고 계속해서 글을 썼다. 내 책이 사람들의 삶에 큰 변화를 가져올지도 모른다는 생각이 들었다. 그 책은 출간된 지 벌써 25년이 되었고, 40쇄 이상을 인쇄했으며, 9개 언어로 번역되었다. 그리고 여전히 사람들은 내게 그 책이 자신들의 삶과 직업에 얼마나 긍정적인 영향을 주었는지에 대해 말해준다.

그리고 한 가지 더. 꼭 커다란 문제에 대해서만 내면의 나에게 길을 물어야 하는 것은 아니다. 예컨대 어떤 비행 편을 택해야 하는지, 어떤 재킷을 사야 하는지, 또는 오늘밤 어떤 영화를 봐야하는지와 같은 작은 일들에 대해서도 내면의 나에게 길을 물을 수 있다.

다음번에 A와 B 사이에서, 예컨대 초콜릿과 바닐라 사이에서, 왼쪽과 오른쪽 사이에서 결정을 내리기가 어려울 때면 그저 당신 내면의 지혜, 어린 시절 가졌던 천부적인 지혜를 활용해보라. 그건 언제나 그곳에 있어왔고, 아마 앞으로도 그럴 것이다. 라코타 인디언 부족의 현자 '블랙 엘크'가 말해주듯 어른들은 아이들의 순수한 마음으로부터 많은 것을 배울 수 있다. 아이들은 어른들이 보지 못하는 많은 것들을 볼 수 있다.

켈리는 일곱 번째 생일선물로 강아지를 받기로 했지만, 이웃에 있는 유기견 쉼터에서 여러 후보들 중 한 마리를 고르느라 힘든 시간을 보냈다. 마침내 켈리가 한 마리를 골랐다. 꼬리를 활기차게 흔들어댈 뿐 별다른 특징 없는 복슬 강아지였다.

켈리는 신이 나서 소리쳤다.
"난 행복한 결말을 맞는 강아지를 갖고 싶어요."

"살면서 하는 단 한 번의 기도가 감사의 기도라면, 그것으로 족하다." 신학자 마이스터 에크하르트의 말이다.

대부분의 비소설은 저자가 한 명이나 두 명이다. 하지만 실은, 적어도 내 경험에 따르면 책 한 권은 한두 사람만의 작품이 아니라 여러 사람의 손을 거쳐 만들어진다. 사실, 책 한 권을 쓰는 데는 한 마을이 필요하다. 실제 책을 쓰는 저자들을 제쳐놓더라도 보통 여러 명의 편집자와 출판인, 출판사 직원들, 표지 디자이너, 글자 디자이너, 책이 출판된 이후 홍보하는 사람들, 책을 서점에 유통시키는 유통업자들, 연구를 도와주는 도서관 사서들, 리뷰어와 블로거들, 자신의 경험을 나눠준 사람들, 책에 쓰인 이야기들을 제공해준 모든 사람들, 저자가 책 출판에 대해 이야기했을 때 자기 일처럼 기뻐해주고 원고를 완성할 때까지 기운을 북돋워주는 모든 친구와 가족과 지인 등 수없는 조력자들이 존재한다.

나는 이 책을 쓰는 여정에 동행해주고, 한때 그저 하나의 아이디어일 뿐이었던 것을 완성된 책으로 나올 수 있도록 물심양면으로 지원을 아끼지 않은 그 모든 이들에게 큰 빚을 졌다.

마지막으로 내 딸 사라 클레인과 심혈을 기울여 원고를 검토해준 나의 배우자 데이브 쿠퍼버그에게 큰 감사를 전한다.

이 모든 분들께, 그리고 혹시라도 깜빡하고 위에 언급하지 못한 모든 분에게 말하고 싶다. 고마워요!

아이처럼 놀고 배우고 사랑하라

1판 1쇄 찍음 2019년 1월 23일
1판 1쇄 펴냄 2019년 1월 30일

지은이 앨런 클레인
옮긴이 김정은
펴낸이 조윤규
편집 민기범
디자인 홍민지

펴낸곳 생각의서재
등록 2017년 1월 6일 제2017-000050
주소 (07788) 서울특별시 강서구 마곡중앙로 161-17 보타닉파크타워1 612호
전화 영업부 02-3661-7283 / 기획편집부 02-3661-7284 | 팩시밀리 02-3661-7285
이메일 houseofthinking@naver.com

ISBN 979-11-89649-03-6 03190

· 원고 투고를 기다립니다. 집필하신 원고를 책으로 만들고 싶은 분은 houseofthinking@naver.com로 원고 일부 또는 전체, 간략한 설명, 연락처 등을 보내주십시오.

이 도서의 국립중앙도서관 출판예정도서목록(CIP)은 서지정보유통지원시스템 홈페이지(http://seoji.nl.go.kr)와 국가자료공동목록시스템(http://www.nl.go.kr/kolisnet)에서 이용하실 수 있습니다. (CIP제어번호 : CIP2019000652)